W0231753

Bremer Handelsgüter – Schokolade

»Bremer Handelsgüter«, lautet der Titel einer kulturgeschichtlichen Ausstellungsreihe des Bremer Übersee-Museums und der Sparkasse Bremen. Die bisherigen Themen der Reihe waren »Tee« (1995), »Wein« (1997) und »Bier« (1998). Die vorliegende Publikation begleitet das aktuelle Ausstellungsprojekt »Schokolade – Die süßen Seiten Bremens«.

Für ihre Mitarbeit sei besonders Herrn Detlev Quintern und Frau Katerina Vatsella gedankt.

Wir danken der Sparkasse Bremen, dem Übersee-Museum und Kraft Foods Deutschland für die gewährte Unterstützung.

Hartmut Roder (Hrsg.)

Schokolade

Geschichte, Geschäft und Genuss

EDITION TEMMEN

Impressum

Die Deutsche Bibliothek – CIP-Einheitsaufnahme

Ein Titeldatensatz für diese Publikation ist bei
Der Deutschen Bibliothek erhältlich.

ISBN 3-86108-372-8

»Bremer Handelsgüter« – Schriftenreihe
der Sparkasse Bremen

Layout: Katja Philipsenburg

© Edition Temmen, 2002
Hohenlohestr. 21
28209 Bremen
Tel.: 0421/34 84 30
Fax: 0421/34 80 94
E-Mail: info@edition-temmen.de

Alle Rechte vorbehalten

ISBN 3-86108-372-8

Inhalt

Hartmut Roder

»Schokolade – die süßen Seiten Bremens«

Die Faszination der Schokolade ist ungebrochen. Ob als Kakaopulver, als Tafel oder Riegel, als Praline oder Zuckerware zu sich genommen, Schokoladenprodukte sind als besondere Genusserlebnisse in aller Munde. Die süßen Verführungen haben einen der höchsten Bekanntheits- und Beliebtheitsgrade weltweit und gelten mittlerweile in Mitteleuropa als tägliches Genussmittel mit überragender Bedeutung. Dabei geht der Genuss dieser besonderen Substanz, von der im Jahre 2000 jeder Bundesbürger durchschnittlich über 8 kg zu sich nahm, über die reinen Gaumenfreuden hinaus; denn ebenso wichtig ist die spezielle Atmosphäre, sind die besonderen kleinen und großen Zeremonien des Genießens, sind aber auch die Kenntnisse um die lange Geschichte und der Überrest von Exklusivität, die mit diesem hoch sympathischen Genussmittel verbunden werden.

Selten spricht ein Genussmittel alle fünf Sinne gleichzeitig an und bietet so viele Gefühlswerte wie die Schokolade: als stimmungssteigernder und frustabbauender Seelentröster, als gesundheitsförderndes Stärkungsmittel, als hochwillkommene Belohnung, als Inkarnation sündhafter Genüsse oder als liebgewonnener Dickmacher, von dem die Lust oft nicht lassen kann. Selten tut sich daher aber auch ein solch breites Spektrum von Themen, Aspekten und Facetten auf, das von der Herkunft und Ernte über den Handel und die Weiterverarbeitung bis zur Herstellung, zur Konfektionierung, zum individuellen Umgang oder zu kulturellen Aneignungs- und Genussformen des Kakaos resp. der Schokolade reicht.

Schon früh machten Bremer Bürger Bekanntschaft mit den Samen des Kakaobaumes und dem daraus gewonnenen Kakaopulver. 1673 erteilte der Rat der Stadt dem Niederländer Jan Jantz von Huesden nämlich die Erlaubnis, »alhir eine Hanthierung von außländischen Indiani-schen Geträncke, alß Coffi (und) Schokelati« für sechs Monate vorzunehmen. Während somit in der ersten deutschen Kaffeestube gleichzeitig für Wohlbetuchte auch Schokolade als flüssiges Getränk ausgeschenkt werden durfte, führte der Rat der Hansestadt 1695 eine Abgabe von 10 % auf den Wert dieses Luxusartikels ein. Viele Jahre als Arznei- und Stärkungsmittel in der Ratsapotheke vertrieben, setzte die Einfuhr der Kolonialware Kakao nach Bremen in größerem Maße erst Ende des 18. Jahrhunderts ein, als erstmals feste Schokoladen in der Hansestadt an der Weser selbst hergestellt wurden. In größerem Rahmen etablierte sich Bremen als Herstellungsort von Kakaopulver und Schokoladenprodukten Mitte des 19. Jahrhunderts. Bis heute blieb Bremen daher nicht nur Anlandungsort für das »braune Gold«, sondern ist auch weiterhin Standort und Verarbeitungsplatz einer Vielzahl von Schokoladenartikeln.

Aufgrund unserer täglichen Berührung mit der vormaligen Götterspeise der Azteken, mit Kakao und Schokolade, heutzutage und infolge der langjährigen und konzentrierten wie auch über die Stadtgrenzen weit hinausreichenden Schokoladenkompetenz Bremens setzen das Übersee-Museum und die Sparkasse Bremen ihre gemeinsame Ausstellungsreihe über die »Bremer Handelsgüter« im Jahre 2002 mit dem Thema Schokolade fort. Neben einem tieferen Einblick in die biologischen, handels-, unternehmens- und kulturgeschichtlichen Aspekte der süßen Seiten Bremens geht diese Abhandlung auch den Triebkräften der geheimen süßen Verführung nach und gibt zudem ganz praktische Hinweise für Naschkatzen, die sich nicht scheuen, edle Köstlichkeiten selbst herzustellen und zu genießen. Dabei ließen wir uns jedoch stets von der Warnung Erich Kästners leiten: »Was auch immer geschieht: Nie dürft ihr so tief sinken, von dem Kakao, durch den man euch zieht, auch noch zu trinken.«

Udo Allerbeck

Botanik des Kakaos

1753 gab der berühmte schwedische Naturforscher, dessen lateinischer Name Linnaeus häufig als großes L. hinter den Pflanzennamen zu finden ist, dem Kakaobaum den botanischen Namen Theobroma cacao (L.). Cacao ist in der Sprache der Azteken Bestandteil einiger Wörter, die sich auf Kakao beziehen, Theobroma setzt sich zusammen aus den griechischen Wörtern »theos« (Gott) und »broma« (Speise). Also »Kakao-Speise der Götter«, ein durchaus sinnfälliger Name für eine Pflanze, die als Endprodukt Schokolade, Kakao und vieles mehr hervorbringt. Und da dieser Genuss zum Glück nicht nur Göttern vorbehalten ist, können wir alle an diesen himmlischen Köstlichkeiten teilhaben.

Nun zu den »profanen« Details. Was für eine Pflanze ist der Kakaobaum, wo und wie wächst er bzw. wird er angebaut?

Der Kakaobaum gehört zur Familie der Sterculiaceae und zur Gattung Theobroma, welche wiederum 22 Arten hervorgebracht hat. Die wichtigste Art, die einzige von weltweiter Bedeutung, ist der Theobroma cacao, eine andere Art, der Theobroma bicolor ist noch von lokaler Bedeutung, seine Früchte werden in Mexiko zur Herstellung eines Getränkes namens »pataxte« und zum Mischen mit Kakao verwendet.

Innerhalb der Art Theobroma cacao sind drei Varietäten hervorzuheben: Criollo, Forastero und Trinitario, keine andere Varietät ist für den kommerziellen Anbau wirklich von Bedeutung.

Forastero (»Fremdling«) ist der Kakaobaum, der am meisten angebaut wird. Seine Erträge machen ca. 80-90 % der Welternte aus. Er stammt aus dem Amazonasgebiet, wird jedoch heute hauptsächlich in den Plantagen Westafrikas angebaut.

Criollo, das bedeutet im Spanischen »Der Edle«, ist, wie der Name schon sagt, der aroma- und geschmacksreichere Kakao, wird aber auf Grund seiner Anfälligkeit für Krankheiten und geringer Ertragsmengen immer weniger angebaut.

Trinitario, auch ein Edelkakao, ist eine Hybridisierung aus Criollo und Forastero; er ist nur noch selten anzutreffen und von den drei Sorten am seltensten. Seinen Namen hat er von der Insel Trinidad, wo er das erste Mal vorgekommen sein soll.

Nun zur Pflanze selbst. Ein wild wachsende Kakaobaum kann bis zu 15 Metern hoch werden. Als Kulturpflanze erreicht er jedoch nur eine Höhe von 5–8 m, was durch gezieltes Beschneiden der Bäume erreicht wird. In manchen Plantagen wird er sogar auf eine Höhe von 2–4 m zurückgeschnitten. Der Kakaobaum ist ein immergrüner Baum mit einer dicht belaubten Krone. Er hat einen Durchmesser von bis zu 30 cm. Die Blätter sind schwertartig, dunkelgrün und haben eine Länge von 20–30 cm. Besonders auffällig sind die Blüten, die in großen Büscheln entweder direkt am Stamm oder direkt an den Zweigen wachsen. Man nennt dies Kauliflorie (Stammblütigkeit) bzw. Ramiflorie (Zweigblütigkeit). Erstere herrscht Edelkakao (Criollo) vor, Letztere bei den Konsumkakaos (Forastero). Die etwa 2 cm großen Blüten bestehen aus rosaroten Kelchblättern und gelblich-weißen Blütenblättern. Im Alter von ca. drei Jahren bilden sich die ersten Blüten an den Kakaobäumen, nach weiteren sieben Jahren erreicht die Blütenzahl die Menge von ca. 100.000 pro Jahr, wobei das ganze Jahr über Blüten ausgebildet wer-

den. Bestäubt werden die Blüten durch kleine Insekten, Fliegen, Mücken etc., allerdings nur ungefähr 5 %.

Sechs Wochen nach der Bestäubung bilden sich die Kakaofrüchte, wobei der Ertrag an erntefähigen Früchten nur 0,5–0,7 % der befruchteten Blüten beträgt. Bis zur Ernte müssen die Früchte 4–5 Monate reifen. Sie haben dann ein Gewicht von 300–500 g. Erntezeit ist eigentlich zweimal im Jahr, jedoch machen es moderne Techniken möglich, das ganze Jahr über zu ernten.

Die Früchte, es handelt sich um Trockenbeeren, unterscheiden sich je nach Varietät in Aussehen und Eigenschaften. Die Frucht der Forasteropflanze hat eine dickere warzige bis glatte Schale, abgeflachte Kakaobohnen sowie mittel- bis dunkelrote Keimblätter. Die Früchte des Criollo sind länglich, stark gefurcht, haben weißliche Keimblätter und runde Kakaobohnen. Die Kakaosamen befinden sich in der Pulpa, einem süßen Fruchtmus. Durch den angenehmen Geschmack dieser Masse werden die Früchte gern von Affen und anderen Tieren gefressen. Dabei bleiben die Samen übrig, so dass auf diese Art die Affen, aber nicht nur diese, zur generativen Vermehrung des Kakaos beitragen. Eine andere Art der Vermehrung ist die durch Setzlinge, die vegetative Vermehrung.

Die Kakaobohnen sind das Grundprodukt für die Herstellung der Schokolade. Je nach Art des Kakaos befinden sich 20–60 Bohnen in einer Frucht. Sie sind wie oben erwähnt in ein süßes Fruchtmus eingebettet. Zur Weiterverarbeitung werden Fruchtmus und Samen aus der Schale entfernt, diese Masse wird dann in Holzkisten gefüllt und mit z.B. Bananen- oder Paradiesfeigenblättern bedeckt. Den chemischen Prozess, der jetzt beginnt nennt man Fermentation. Er besteht aus drei Phasen: 1. die anaerobe Phase, 2. die aerobe Phase, 3. die postmortale Phase. In der ersten Phase wird der Zuckeranteil der Pulpa durch Hefen abgebaut und die alkoholische Gärung setzt

ein. In der zweiten Phase wird das so entstandene Ethanol durch Bakterien in Essigsäure umgewandelt. Diese wiederum tötet den Keim der Kakaobohne ab. In der dritten Phase werden die Proteine des Samens durch Enzyme gespalten und es entstehen Aminosäuren und Peptide, die Vorstufen der ca. 400 Aromastoffe, die später durch das Rösten der fermentierten Kakaobohnen gebildet werden. Vor der Fermentierung enthält der Kakao keinen dieser Aromastoffe.

Der gesamte Prozess der Fermentation dauert fünf bis sechs Tage. Danach erfolgt das Trocknen. Jetzt ist das verschiffbare Produkt, der Rohkakao fertig. In dieser Form hat er folgende Inhaltsstoffe:

54 %	Kakaobutter (Fett)
11,5 %	Eiweiß
9 %	Zellulose
7,5 %	Stärke und Pentosane
6 %	Gerbstoffe
5 %	Wasser
2,6 %	Mineralstoffe und Salze
2 %	organische Säuren und Geschmacksstoffe
1,2 %	Theobromin
1 %	verschiedene Zucker
0,2 %	Koffein

Die Wachstums- bzw. Anbaugebiete des Kakaos liegen zwischen 20 Grad nördlich und 20 Grad südlich des Äquators. Als Regenwaldpflanze braucht Theobroma cacao ein Temperaturjahresmittel von 21 Grad Celsius. Nachts sollte die Temperatur nicht unter 16 Grad fallen. Er braucht hohe Luftfeuchtigkeit und einen sehr nährstoffreichen, feuchten Boden. Da die Kakaopflanze ein Schattengewächs ist, das in der Wildnis durch große Urwaldbäume geschützt wird, muss auch beim Plantagenanbau zu große Sonneneinstrahlung vermieden werden.

Im Plantagenanbau wird heutzutage mit der Entfernung der Schattenspender, die zusätzliche Arbeit machen, experimentiert. Ein weiterer schwieriger Punkt beim Kakaoanbau, der zu vielerlei Zuchtversuchen führt, ist die Empfindlichkeit der Pflanze gegen Krankheiten und Schädlinge.

So verlor zum Beispiel Ekuador durch die so genannte Hexenbesenkrankheit, die zu besenartig wuchernden Zweigen führt und ganze Plantagen vernichtet, in den 30er Jahren des letzten Jahrhunderts durch eben diese Krankheit seine Vormachtstellung im Kakaoanbau.

Besonders in Westafrika tritt die »swollen shoot«-Krankheit auf, eine Viruserkrankung, durch welche die Zweige der Kakaopflanze anschwellen. Übertragen wird die Krankheit durch Blattläuse. Wenn sie auftritt, müssen die betroffenen Bäume entfernt und verbrannt werden. Ein weiteres Problem ist die Braunfäule, durch die sich das Fruchtfleisch verfärbt. Des Weiteren werden durch Wanzenstiche Mykosen (Pilzerkrankungen) ausgelöst.

Um diese Krankheiten und Schädlinge in den Griff zu bekommen, will man Pflanzen züchten, die gegen diese »Angriffe« resistent sind.

Auch versucht man, durch Kreuzung des empfindlichen Criollo mit Forastero einen robusten Edelkakao-Baum zu züchten. Es ist jedoch wahrscheinlich, dass auf lange Sicht weiterhin der Forastero den Weltmarkt beherrschen wird. Dem Schokoladengenuß wird das nicht im Wege stehen.

Der Kakaobaum und seine begehrte Frucht.

Detlev Quintern

Nicht die Bohne wert?

Zur historischen Bewegung des Kakaos auf dem Weltmarkt

Die Ursprünge der Schokolade

Während der vierten und letzten Reise von Kolumbus in die für ihn neue Welt war dieser von zunehmender Resignation gezeichnet schließlich war ihm die Entdeckung der ersehnten reichen Goldminen versagt geblieben.[1] Am 15. August 1502 kaperte die spanische Besatzung von vier kleineren Caravellen, zu deren Besatzung auch Sohn und Bruder von Kolumbus gehörten, vor der der Küste von Honduras vorgelagerten Insel Guanaja ein Schiff unbekannter Herkunft.

Den schier grenzenlos erobernden Konquistadoren, wie sich die Spanier im Auftrage des fernen Königshauses von Isabella und Ferdinand nannten, wurde kein Widerstand geleistet; die unverhoffte Beute, darunter Baumwolltextilien, Keramiken, kleine Äxte und Beile aus Kupfer, war unverzüglich auf die kleine Flottille verladen.

Bei dem großen, von 25 Ruderern bewegten Einbaum handelte es sich um ein Handelsschiff der Maya.[2] Mit solchen Booten hielten die Maya ein weit verzweigtes Handelsnetz aufrecht, das sich entlang der Küsten von Guatemala, Mexiko, Honduras und Nicaragua bis über den Golf von Darien hinaus erstreckte und mit den Inseln der Karibik[3] in Austauschbeziehungen stand. Auf dem Landwege reichten die Handelsrouten der mesoamerikanischen Völker bis in das Mississippidelta im Nordosten,[4] an denen

entlang neben den bereits erwähnten Gütern auch Salz, Honig, Weihrauch (Kopalharz), Gold, Jade, Obsidian und Kakao getauscht wurden.

Die Kaperung des Maya-Handelsschiffes im Jahre 1502 führte zur erstmaligen Begegnung mit einer Bohne, die Kolumbus´ zweiter Sohn für eine Art Mandel gehalten hatte. Ihm war auch berichtet worden, dass diese »Mandeln« in Neuspanien als Geld benutzt werden: »Diese Mandeln schienen ihnen sehr viel wert zu sein, denn als sie mit ihren Gütern zusammen an Bord gebracht wurden, beobachtete ich, daß sie, sobald eine dieser Mandeln auf den Boden fiel, sich allesamt hinabbeugten, um sie aufzuheben, so als ob ein Auge heruntergefallen wäre.«[5]

Die erste Bekanntschaft der Europäer in Gestalt der Konquistadoren mit dem Kakao war von Verwunderung geprägt, schließlich war es vor allem Gold, das sie als Wert schätzten und in »Indien« in unerschöpflichen Mengen zu finden hofften. Fünfhundert Jahre später scheint es, als habe sich die zunächst missverstandene Mandel in Gold verwandelt. Kakao als Grundstoff für Schokolade ist als »braunes Gold« ein begehrtes Handelsgut auf den Börsen von London und New York.

Als die Piraten des Kolumbus erstmalig mit Kakao in Berührung kamen, blickte dieser bereits auf eine etwa zweitausendjährige Geschichte zurück, die auf die Zivilisation

1 »Porque, por mi dicha, poco me an aprovechado veinte años de servicio, que io he servido con tantos trabaxos i peligrosos, que oi día no tengo en Castilla una teja, ...« Selected Documents illustrating the four Voyages of Columbus, übers. und hrsg. v. Cecil Jane, Bd. II., The third and fourth Voyages, Reprint Nendeln/Liechtenstein 1967, 79.

2 Wolf Mueller, Seltsame Frucht Kakao, Geschichte des Kakaos und der Schokolade, Hamburg 1957, 8.

3 In der Karibik zeugen Berichte und Funde von weit größeren Einbäumen: »Andrés Bernaldez recorded (from Columbus) that the Americans navigated in their canoes with exceptional agility and speed, with 60 to 80 men in them, each with an oar, and they went by sea 150 leagues or more. They were `masters of the sea´. (A canoe was later discovered in Jamaica which was 96 feet long, 8 feet broad, made from a single tree.)« Jack D. Forbes, Africans and Native Americans. Die andere Welt seit 1400, Frankfurt 1991, 103.

4 Eric R. Wolf, Die Völker ohne Gesicht. Europa und die andere Welt seit 1400. Frankfurt 1991, 103

5 Sophie D. Coe, Michael Coe, Die wahre Geschichte der Schokolade, Frankfurt am Main 1999, 131.

Abb. 1:
Der Handelsgott der Maya Ek Chuah nähert sich einem abstrahierten Kakaobaum (links); rechts der Rucksack des Kakao anbauenden Handelsgottes. Wandmalerei aus dem 9. Jahrhundert in Cacaxtla (Zentralmexiko).

der Olmeken (etwa 1500 bis 400 v. Chr.) im Gebiet der heutigen Golfküste Mexikos zurückgeht. Von den Olmeken übernahmen die Maya, deren Blütezeit sich von 250 bis 950 n. Chr. erstreckte, nicht nur das Wort kakaw(a) für Kakao, sondern auch die Anbautechniken, die sie – zusammen mit dem zeremonialen Kontext des Schokoladetrinkens – an die Mexica, wie sich die Azteken selbst nannten, weitergaben.

Es waren die Maya, die mit einer präzisen und differenzierten Schrift (Glyphen, die sprachlich gelesen wurden) das Wort Kakao auf keramischen Trinkgefäßen, in denen sich heute noch die Spuren von Schokolade nachweisen lassen, in Gravur oder Bemalung festhielten.[6]

Das Siedlungsgebiet der Maya erstreckte sich von den Hoch- und Tiefebenen entlang der Pazifikküste Guatemalas und des mexikanischen Chiapas, von wo aus es in die nördlichen Tiefebenen reichte. Im Süden war es das Gebiet zwischen dem Golf von Mexiko und dem karibischen Meer, wo die Mayastadt Petén im Regenwald Guatemalas lag. Das heutige Honduras und Belize waren ebenfalls von den Maya bewohnt. Während der Blütezeit der Maya dehnte sich die guatemaltekische Metropole Tikal auf 63 qkm aus und war von 40.000 Menschen bewohnt;[7] die Stadt hatte in ihrem Zentrum Zeremonialplätze mit Tempelpyramiden.

An solchen Zeremonialplätzen wurden den Gottheiten der Maya, von denen die meisten für die Fruchtbarkeit und das Gedeihen der Feldfrüchte (z.B. der Maisgott) standen, an bestimmten Tagen der beiden Kalender, des 260 Tage zählenden Kalenders aus der Vorklassik und des späteren 365-tägigen Sonnenkalenders, Opfer dargebracht. In den wenigen erhaltenen Maya-Codices, den Handschriften auf Basis grundierter Baumrinden, sind Zeremonialhandlungen dargestellt, in denen Kakao (Dresden-Kodex) oder Kakao und Weihrauch, Kopal-Harz (Madrid-Kodex) den Göttern geopfert werden; eine seltene Darstellung des Kakaogottes, dessen Name bisher nicht identifiziert wer-

6 »The `fish´ sign […] renders the syllable ka; the comp-shaped sign before is a fish fin, also syllabic ka. Kakaw is the word that eventually came into European languages as cacao or cocoa.« David Stuart, The Rio Azul Cacao Pot, in: Antiquity, A quarterly Review of archeology, H. 62, Jg. 1997, Oxford 1997, 155f.

7 Elke Ruhnau, Die Maya, in: Jaguar und Schlange, Der Kosmos der Indianer in Mittel- und Südamerika, Claus Deimel u. Elke Ruhnau, Niedersächsisches Landesmuseum Hannover u. Ethnologisches Museum – SMB, PK, Berlin 2000, 39.

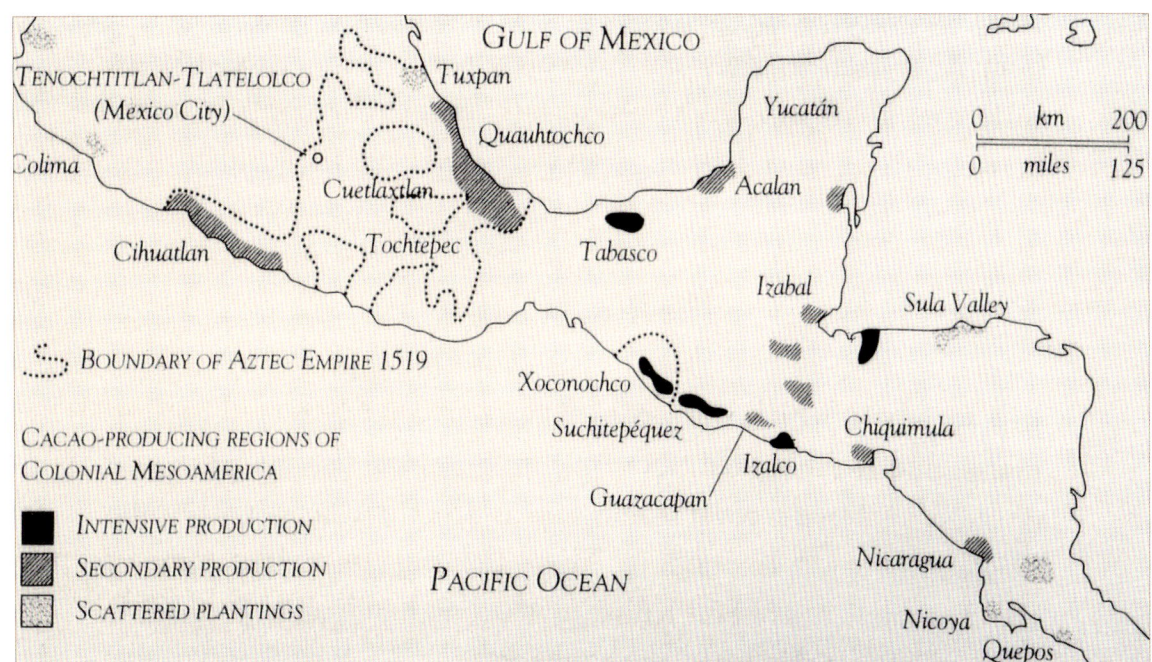

GULF OF MEXICO

TENOCHTITLAN-TLATELOLCO
(Mexico City)

Colima

Tuxpan

Quauhtochco

Yucatán

Cuetlaxtlan

Acalan

Tochtepec

Tabasco

Cihuatlan

Izabal

Sula Valley

BOUNDARY OF AZTEC EMPIRE 1519

Xoconochco

CACAO-PRODUCING REGIONS OF
COLONIAL MESOAMERICA

Suchitepéquez

Chiquimula

Izalco

INTENSIVE PRODUCTION

Guazacapan

SECONDARY PRODUCTION

PACIFIC OCEAN

Nicaragua

SCATTERED PLANTINGS

Nicoya

Quepos

0 — km — 200
0 — miles — 125

Abb. 2:

Die Regionen, in denen intensiv Kakao angebaut wurde, blieben bis in die spanische Kolonialzeit erhalten, darunter vor allem Xoconochco und Tabasco.

den konnte, ist auf einer Schale (Dumbarton Oaks Collection, Washington D.C.) eingeritzt.[8] Eine Wandmalerei aus dem 9. Jahrhundert im zentralmexikanischen Cacaxtla zeigt den Kakao anbauenden Handelsgott der Maya Ek Chuah vor einem Kakaobaum (siehe Abb. 1).[9]

Kakao wurde von den Maya bereits in großem Stile angebaut, vor allem in den mexikanischen Regionen von Soconusco (Xoconochco), Chiapas am Pazifik sowie in Tabasco (siehe Abb. 2) und über große Entfernungen gehandelt; die Bohnen galten bereits den Maya als Zahlungsmittel.

Getrunken wurde Kakao im Kontext zeremonieller, religiöser und weltlicher Feierlichkeiten. Die Maya bereiteten Kakao in einer Vielzahl von Rezepturen zu, sei es als heißes, warmes und kaltes Getränk oder in Form von Breigerichten. Die gerösteten Kakaobohnen wurden auf einem Reibstein mit verschiedenen Gewürzen, darunter Vanille, Chilipfeffer, und den Blüten der Ohrenblume gemahlen und nach Belieben mit Honig gesüßt. Kakao wurde als bittere, süße oder fruchtige Trinkschokolade gereicht.[10]

Besonders der Schaum, der dadurch erzeugt wurde, dass die flüssige Schokolade aus der Höhe gegossen wurde, um sie zu oxidieren, galt als die Krone des heiligen Getränks. Die abgeschöpfte Kakaobutter fand ebenfalls Verwendung, so zur Herstellung von Wundsalben und Kosmetika. Es ist wahrscheinlich, dass die reine Trinkschokolade den Angehörigen des Hofes und den Priestern vorbehalten war, während die Kakaobauern der Tiefländer nur seltener in deren Genuss kamen oder die Schokolade mit Mais streckten. Weil die Gegenwart eine Quelle für weit zurückliegende Geschichte ist, kann analog geschlossen werden, dass heutige Schokoladengetränke der Lacandón, der Nachkommen der Maya im Gebiet des südlichen Mexiko, bereits in ähnlicher Weise unterschieden worden sind. Die Lacandón kennen heute zwei Trinkschokoladenzubereitungen, eine weltliche auf Grundlage einer Maisgrütze

8   Sophie D. Coe, Michael D. Coe, Die wahre Geschichte der Schokolade, Frankfurt a. M. 1999, 52/53.
9   Ebenda, 68.
10 Nikolai Grube, Kakao – Das göttliche Getränk, in: Maya, Gottkönige im Regenwald, hrsg. v. Nikolai Grube, Köln 2000, 33.

und eine zeremoniale, reinere Schokolade.[11] Die Verbrennung von gerösteten Kakaobohnen, wie es Lévi-Strauss beschrieben hat, findet sich in schamanistischen Heilritualen bei den Kuna, einem indigenen Volk in Panama, zur Verkürzung und Linderung der Geburtswehen.[12] In den Überlieferungen der im Süden Costa Ricas lebenden Bribri steht Kakao für Blut, das Erde (sangre cruda = das rohe, unverdauliche Blut), die Pflanzen (sangre digerida = das verdauliche) und schließlich das Kakaogetränk (sangre cocida = das gekochte) durchströmt.[13]

Dem Kakao kommt in der Kosmologie der Maya der rituelle Stellenwert für die zyklische Fruchtbarkeit des Lebens in der pflanzlichen Natur zu; in Form der Trinkschokolade ist er Bindeglied zwischen Mensch und heiligem Kosmos. Entsprechend dieser Wertschätzung verwendeten die Maya Kakaobohnen als Zahlungsmittel, das ab dem 14. Jahrhundert die Azteken, die Mexica übernahmen. Bis in die Mitte des 19. Jahrhunderts waren Kakaobohnen als Tauschmittel im südlichen Mexiko anzutreffen, in Guatemala sind sie bis in die 50er Jahre als solches bezeugt.

Ein Stück Quachtli = 100 Kakaobohnen

Zur Zeit der Herrschaft der Mexica, wie sich die Azteken nannten, lagen die Hauptproduktionsgebiete für Kakao in Chontalpa und Soconusco – der Heimat des hochwertigen Criollo-Kakaos – und im Ulúa-Becken in Honduras. Kakao war als Währung weit verbreitet und diente für die meisten Handelswaren als Tauschmittel. Für die Wertbestimmung diente den Mexica (Azteken) jedoch das so genannte Quachtli, eine festgelegte Anzahl Baumwolltücher, die einen bestimmten Arbeitsaufwand darstellten. In Yucatán entsprach ein Quachtli 450 Stunden Arbeit. Ein einzelnes Tuch aus diesem Volumen entsprach dem Wert

von mindestens 100 Kakaobohnen. [14] In den kolonialzeitlichen Handschriften der mesoamerikanischen Völker, die im 16. Jahrhundert und später niedergeschrieben wurden, finden wir eine Reihe von Darstellungen des Kakaos im Kontext von Heiratszeremonien, in welchem die Eheschließung durch Überreichung eines schaumigen Schokoladengetränks seitens der Braut an den Bräutigam besiegelt wird.[15] Im Kodex Féjévary-Mayer tritt der Kakaobaum als einer der vier Weltbäume, die südliche Himmelsrichtung geographisch symbolisierend, auf.[16]

Die Konquistadoren, die unter Pedro de Alvarado und Hernán Cortés in Mexiko einfielen und die einst blühende Hauptstadt Tenochtitlan, das heutige Mexiko-City, im Jahre 1521 plünderten, wussten mit dem differenzierten Weltbild der Völker Mesoamerikas nichts anzufangen. Sie hatten jedoch in Erfahrung gebracht, dass Kakaobohnen unter dem aztekischen Kaziquen Moctezuma II. (reg. 1502–1520) als Zahlungsmittel galten – ein Grund mehr, sich die riesigen Kakaobohnenvorräte in den Magazinen des Palastes anzueignen. Michael Coe schätzt, daß sich die Spanier und ihre Söldner in einer Nacht 43 200 000 Bohnen aneigneten.[17] Ein Akt des Raubes, der heute mit dem der gesamten Geldbestände der Zentralbank eines reichen Landes vergleichbar ist. Cortés trieb bald daraufhin in Funktion eines Gouverneurs von Neuspanien selbst Kakaotribute von der Pazifikküste ein und entlohnte seine Truppen mit diesem allgemein anerkannten Zahlungsmittel.

Aus der Zeit der Besetzung des Palastes von Moctezuma II. entspringt eine sich später lange haltende europäische Vorstellung, die die Schokolade als Aphrodisiakum preist. Bernal Diaz del Castillo hielt als Achtzigjähriger seine Erinnerungen an die berauschende Zeit der Besetzung des Palastes, bevor Moctezuma II., der Hofstaat und

11 Ebenda, 78f.

12 Schokolade, Eine kleine Anthologie, hrsg. v. Thomas Pape, Stuttgart 1998, 38.

13 Alfredo Gonzáles Chaves, La Casa cósmica talamanqueña y su simbolismos, San José 1989, 137.

14 Piedad Penicho Rivero, Die Kakaowährung des Quetzalcóatl, in: UNESCO-Kurier, Die Geheimnisse des Geldes, Nr. 1, Jg. 31, 1990, 13.

15 Im Codex Nattall, p. 26, reicht die Braut dem Bräutigam in einem Palast ein mit Kakao gefülltes Dreifußgefäß, was als Symbol der Eheschließung gilt. Mexiko, Alte Handschriften beginnen zu sprechen, Anders, F. u. Jansen, M., Staatliches Museum für Völkerkunde München 1999, 53.

16 Sophie D. Coe, Michael D. Coe, Die wahre Geschichte der Schokolade, Frankfurt a. M. 1999, 122.

17 Ebenda, 104.

ein Großteil der Bevölkerung von Tenochtitlan ermordet wurden, während eines Banketts fest: »Nach den warmen Speisen wurden Früchte aufgetragen. Aber Mocteczuma aß nur wenig davon. Dafür trank er öfters ein kakaoartiges Getränk, das gewisse Triebe wecken soll. Beim Trinken bedienten die Frauen ihren Gebieter mit besonderer Ehrfurcht.«[18] Es war wahrscheinlich eher die Anmut der Aztekinnen, welche die Konquistadoren jedoch keineswegs davor zurückschrecken ließ, sie nach Belieben zu schänden, was Bernal Dias noch in greisenhafter Erinnerung betört haben mag.

Tenochtitlan wurde genau 80 Tage belagert. »Mehr als 240 000 Azteken wurden getötet, fast der gesamte Adel wurde ausgerottet. Nur einige Fürsten und Edle und die kleinen Kinder blieben am Leben.«[19] »Von ihrem ersten Eintritt in Neu-Spanien, am achtzehnten April eintausend fünfhundert und achtzehn, bis zum Jahr eintausend fünfhundert und dreißig, also zwölf ganze Jahre, dauerte das Würgen und Morden in einem fort, welches die blutgierigen Hände und Mordschwerter der Spanier rings um die Stadt Mexico und die umliegende Gegend, auf vierhundert und fünfzig Meilen weit verübten, worin vier bis fünf Königreiche liegen, die so groß und noch weit fruchtbarer als Spanien sind.«[20]

Wie zuvor die karibischen Inseln, so wurde auch jetzt Zentralamerika und bald die Zonen der südlichen Anden zu einem Kontinent der offenen Adern unter spanischer Herrschaft geeint, aus denen nicht enden wollende Ströme an Gold, Silber, Koschenille, Indigo und nicht zuletzt Kakao in die spanischen Häfen flossen, wenn sie nicht den um die große Beute konkurrierenden europäischen Piraten vorher in die Hände gefallen waren. Englische Piraten eines Drake oder Hawkins warfen zunächst den ihnen unbekannten Kakao über Bord, wenn sie ein damit beladenes spanisches Schiff geentert hatten. Als gegen Ende des 16. Jahrhunderts regelmäßig Kakaoladungen den spanischen Hof erreichten, war auch die Bezeichnung »chocolate« in Europa angelangt. Dieses Wort, das sich bald in vielen europäischen Sprachen finden wird, geht möglicherweise auf das Quiché-Maya-Verb chokola'j zurück, das »so viel heißt, wie ›gemeinsam Schokolade trinken‹.«[21]

Wir waren gezwungen, eine Weile in Mesoamerika zu verweilen. Nicht nur weil hier die Geschichte des Kakaos seinen größten Anteil hat, sondern weil sich die von den Konquistadoren dort vorgefundenen Formen der Verarbeitung – das Mahlen der gerösteten Kakaobohnen auf dem Reibstein (Metate) – und des Genusses von Trinkschokolade bis in das 19. Jahrhundert hinein erhalten haben. Schokolade wurde zunächst am spanischen Hofe, schließlich von den Adligen in Italien, Frankreich und Flandern kaum anders getrunken als auf Basis der Rezepte der Maya und Azteken, die seit dem 16. Jahrhundert vor allem aus den kolonialzeitlichen Klöstern nach Europa kamen. Wahrscheinlich waren es auch indigene Ehefrauen ärmerer spanischer Siedler oder Hausdienerinnen, die Schokoladenrezepturen in die koloniale Küche einführten (vgl. Abb. 3).

Metamorphosen bildeten sich mit der Verzuckerung und der Beigabe altweltlicher Gewürze und Zutaten aus, wie Zimt, schwarzer Pfeffer, Nelken oder Moschus. Die Einbettung von Zubereitung und Zeremonialgenuss der Schokolade in das vom Einklang des Menschen mit Natur und Kosmos geprägte Weltbild der mesoamerikanischen Völker war mit der Conquista bereits gebrochen worden. Es lebte zwar in Amerika bei den

18 Denkwürdigkeiten des Hauptmanns Bernal Dias del Castillo oder wahrhafte Geschichte der Entdeckung und Eroberung von Neuspanien (Mexiko), hrsg. u. bearb. v. Georg A. Narciß, Stuttgart 1971, 252. Nebenbei bemerkt, erwähnte Dias auch, dass Kakao auf dem Marktplatz der Hauptstadt gehandelt wurde, was besagt, dass auch für die Bevölkerung von Tenochtitlan Kakao zu erwerben war. Ebenda, 257.

19 Rückkehr der Götter, Die Aufzeichnungen der Azteken über den Untergang ihres Reiches, hrsg. v. Miguel León-Portilla u. Renate Heuer, aus dem Náhuatl übers. v. A. Maria Garibay K., deutsch v. Renate Heuer, Zürich 1997, 108.

20 Bartolomé de Las Casas, Kurzgefaßter Bericht von der Verwüstung der Westindischen Länder, hrsg. v. Hans Magnus Enzensberger, Frankfurt am Main 1981, 40.

21 Sophie D. Coe, Michael D. Coe, Die wahre Geschichte der Schokolade, Frankfurt a. M. 1999, 142.

der Fall war. Der Adel kümmerte sich weniger um diese klerikale Streitfrage, sondern gab sich recht bald dem Verlangen nach der Schokolade hin und steigerte damit die Nachfrage nach Kakao, die vorwiegend über die großen Handelshäuser Spaniens, Portugals, Italiens, Frankreichs und Hollands abgewickelt wurde. Seinen frühesten Weg nach Asien nahm der Kakao mit der spanischen Eroberung der Philippinen seit 1543, wo er zunächst auf Luzon angepflanzt wurde.

Mexiko, der Ursprungsort der Schokolade, wurde im 19. Jahrhundert zu einem Importeur von Kakao aus Ecuador, um den eigenen Bedarf zu decken. Im weiteren Verlauf der Bewegung des Kakaos über den Globus wird es nicht wenigen Ländern ähnlich wie Mexiko ergehen, deren Böden auf die unersättliche Nachfrage von mit dem Kakao konkurrierenden Handelsgütern wie Kaffee, Bananen und Baumwolle ausgerichtet sind. Im südlichen Mexiko und in Guatemala sind an die Stelle einst großer Kakaoplantagen solche des Kaffees getreten.

Abb. 3:
Eine Frau verprügelt ihren Mann mit einem Schokoladenquirl. Derartige kolonialzeitliche Bilder aus der »Neuen Welt« arbeiteten mit Stigmatisierungen und rassistischen Typisierungen, die in diesem Falle darstellen, wie es dem Spanier ergeht, wenn er sich mit einer Schwarzen einlässt.
Escena de Mestizaje, am Fuße des Bildes die Inschrift; »4 de Español y Negra Mulata« Museo de América (Madrid).

ursprünglichen Völkern fort, spielte jedoch in Europa keinerlei Rolle im Zuge fortschreitender Süchte nach Schokolade, Tabak und anderen neuweltlichen Exotica.

In Ansätzen wurden Heilwirkungen von Schokolade und Kakaobutter zwar rezipiert, vorwiegend jedoch prägte ein Streit innerhalb des Klerus, ob Schokolade als fastenbrechende Speise anzusehen sei oder nicht, die Debatte. Hinter letzterer Auffassung standen vor allem jene Orden, denen der Handel mit Kakao ein lukratives Geschäft geworden war, wie es seitens der Jesuiten am Amazonas

Der Amazonas trägt den Kakao an die »Sklavenküste« Afrikas

Die Spanier legten mit der Konsolidierung ihres neuspanischen Reiches, in dem nie die Sonne unterginge, wie Karl V. es auszudrücken pflegte und in welches stetig mehr Siedler strömten, Kakaoplantagen an, die sie zunehmend von afrikanischen Sklaven bewirtschaften ließen. Das bittere Los der Sklaven entlang der atlantischen Kakaoplantagen Süd- und Zentralmerikas und in den Zuckerrohrfeldern der Karibik machte die Versüßung der Schokolade zum Wohlgeschmack der europäischen Aristokratie möglich.

Neben Costa Rica und Ecuador, von wo aus sich der ertragreiche, aber minder qualitätsvolle Forastero auf Kosten des hochwertigen Criollo auch nach Mexiko verbreitete, war es im 17. und 18. Jahrhundert an erster Stelle Venezuela, dass sich als Kakaoexporteur herausbildete. An der karibischen Küste Venezuelas lebten kaum noch indigene Völker; die wenigen Überlebenden wurden an Seilen zum Perlentauchen auf den Meeresgrund gezwungen. Der Arbeitskräftemangel, der sich für die arbeitsintensive Aufzucht, Pflege, Ernte und Weiterverarbeitung der Kakaofrüchte auftat, wurde durch den Import von Sklaven kompensiert, der für die spanischen Konkurrenten, vor allem England, Holland, Dänemark (hier vor allem der holsteinisch-dänische »Dreieckshändler« Schimmelmann)[22], Frankreich und Portugal zu einem lukrativen Geschäft wurde. Das nahe der venezuelanischen Küste gelegene Curaçao entwickelte sich zu einem Umschlagplatz für Sklaven, von wo aus sie an die Plantagenbesitzer der Atlantikküste »geliefert« wurden. Von dort gelangte auch Kakao auf Schmuggelwegen, da Spanien jeglichen Handel mit den protestantischen Mächten untersagt hatte, auf die Kleinen Antillen. Im Dreiecksgeschäft – Sklaven aus Afrika gegen Plantagenprodukte aus Amerika für den europäischen Markt, der wiederum Luxusgüter für die kaufkräftigen europäischen Siedler lieferte – trat via Curaçao besonders die holländische Westindische Kompagnie hervor, die Sklaven nach Venezuela und Surinam transportierte und von dort Kakao an Bord nahm.[23] »Eine Schätzung besagt, daß zwischen 1650 und 1750 20.000 Sklaven jährlich nach Curaçao kamen, während es nach 1750 manchmal bis zu 100.000 waren.«[24]

Von Curaçao aus gelangte Kakao vor allem in die holländischen Häfen und auch nach Bremen. Die bremische Galliot »Der Abendstern« kehrte im Juli 1800, neben 609 Sack Kaffee, Häuten, Hölzern, Baumwolle und anderem Gut, mit 41 Sack Kakao beladen zurück.[25]

Es liegt nahe, dass der in Bremen angelandete Kakao aus Venezuela kam. Alexander von Humboldt bereiste um die Jahrhundertwende jene Kakaoanbaugebiete am nördlichen Orinoko und schrieb: »Ein Sklave versieht 1000 Stämme, die im jährlichen Durchschnitt 12 Fanegas Kakao tragen können. Die vereinigten Provinzen von Caracas liefern zwei Dritteile des Kakaos, der im westlichen und südlichen Europa verzehrt wird.«[26] Im Jahre 1810, der Unabhängigkeit Venezuelas, schloss sich ein Großteil der Arbeiter auf den Kakaoplantagen der Freiheitsbewegung unter Simón Bolívar an und kämpfte unter dessen Kommando für die Idee eines geeinten und freien Amerikas in Kolumbien, Ecuador und Peru gegen die spanische Herrschaft. Der Kakaoexport aus Venezuela kam zum Erliegen.

An die Stelle Venezuelas als Hauptkakaoexporteur nach Europa trat Ecuador, das mit 23.000 t im Jahre 1900 der weltgrößte Kakaoproduzent war,[27] gefolgt von Brasili-

22 Zum Dreieckshandel des Hauses Schimmelmann siehe: Thomas Steege, Vor den Toren Hamburgs: Der holsteinisch-dänische Guts- und Industriekomplex der Schimmelmanns und der atlantische Sklavenhandel in der zweiten Hälfte des 18. Jahrhunderts, in: Afrika in Amerika, Ein Lesebuch zum Thema Sklaverei und ihre Folgen, Corinna Raddatz, Hamburgisches Museum für Völkerkunde, Hamburg 1992, 81ff.

23 ICCO, How or why did the Netherlands develop into a leading producer of cocoa grindings?, London 2002.

24 Sophie D. Coe, Michael D. Coe, Die wahre Geschichte der Schokolade, Frankfurt a. M. 1999, 230.

25 Karl H. Schwebel, Bremer Kaufleute in den Freihäfen der Karibik. Von den Anfängen des Bremer Überseehandels bis 1815, Veröffentlichungen aus dem Staatsarchiv der Freien Hansestadt Bremen, Adolf E. Hofmeister (Hrsg.), Bd. 59, Bremen 1995, 280f.

26 Alexander von Humboldt, Südamerikanische Reise, Ideen über Ansichten der Natur, Berlin 1967, 222.

27 François Ruf, Booms et Crises du Cacao, Les vertiges de l´or brun, Paris 1995, 66.

en, von wo vor allem aus der Provinz Bahia 17.000 t Kakao ausgeführt worden waren.[28] Der Kakaoexport hatte mit dem des Kautschuk in der Mitte des 18. Jahrhunderts Einzug in Brasilien gehalten; die Provinz Bahia mit ihrer Hafenstadt San Salvador wurde gegen Ende des 19. Jahrhunderts mit steigendem Bedarf in Europa im Zuge der industriellen Verarbeitung von Schokoladenmasse, nachdem sie zuvor die Zuckerhauptstadt Amerikas gewesen war, zur Kakaometropole.

Die Kakaoplantagen fraßen sich in die Wälder, die brandgerodet wurden, und ersetzten sie durch Monokulturen,[29] in denen bis in die 80er Jahre des 19. Jahrhunderts Sklaven das »braune Gold« ernteten. Der brasilianische Dichter und Schriftsteller Jorge Amado schildert in seinem Roman »Sao Jorge dos Ilheus« (dt. »Das Land der goldenen Früchte«) eindrücklich die Lebens- und Arbeitsbedingungen auf den Kakaoplantagen Bahias Anfang der 40er Jahre, in denen Schokolade für die europäischen Armeen als Soldatenstärkung an Bedeutung gewann: »Selten sind die Frauen auf den Kakaoplantagen und kostbar. Sie helfen den Männern bei der Arbeit, brechen die Schalen der Früchte auf, die von den Kindern – auch die ganz kleinen sind schon dabei – aufgelesen und vor den Frauen aufgehäuft werden.

Die kleinen verdienen einen halben Milreis pro Tag, sie laufen nackt herum und haben dicke Bäuche, wie schwangere Frauen, so unförmig sehen sie aus. Schuld daran ist die Erde, die sie essen, und die ihnen oft die kärglichen Mahlzeiten ersetzen muß. Ob Schwarze, Mulatten oder Weiße, alle Kinder bekommen das gelbliche Aussehen, das an das Laub der Kakaobäume erinnert. […] Die Früchte fallen zur Erde, die Kinder tragen sie im Laufschritt fort, und die Frauen brechen sie mit ihren Messern auf. Manchmal verletzt sich eine von ihnen durch einen unachtsamen Schnitt in die Hand; dann legt sie Erde auf die Wunde und träufelt etwas Pulpa darüber.«[30]

Lesen wir heutige Berichte über die Lebens- und Arbeitssituation der Kakaoarbeiter in Bahia, scheint es, als habe

Abb. 4:
Der unbekannte Fotograf setzte die Arbeit auf einer Kakaoplantage Javas in Szene; so entspannt war das Aufbrechen der Früchte nicht.
Übersee-Museum (Hist. Bildarchiv), Nachlass Hackstroh,
P. Nr.: 16516, anonym, um 1900

28 Wolf Mueller, Seltsame Frucht Kakao. Geschichte des Kakaos und der Schokolade, Hamburg 1957, 97.

29 Eduardo Galeano, Die offenen Adern Lateinamerikas. Die Geschichte eines Kontinents, Wuppertal 1973, 108.

30 Jorge Amado, Im Land der goldenen Früchte, Berlin 1953, 176f.

sich nur wenig an dieser Lage geändert. »Rund 222.000 Kakaoarbeiter zählte die letzte staatliche Statistik Anfang der achtziger Jahre im Süden Bahias. Über 41.000 waren Jungen und Mädchen im Alter zwischen zehn und vierzehn Jahren.«[31] Die landlosen Tagelöhner auf den großen fazendas, den Plantagen in Großgrundbesitz, verdienen durchschnittlich 9.5 € pro Woche.[32] Bahia steht beispielhaft für die Kakaolieferländer, auch wenn Brasilien heute zu den wenigen Anbauregionen zählt, die eine heimische Schokolade vermarkten. Arbeiterinnen und Arbeiter auf den Plantagen wissen oft gar nicht, was aus der Frucht ihrer Arbeit letztlich wird.

Kehren wir aber in die Geschichte zurück. Bis zum Ende des 19. Jahrhunderts hatte der Kakao, nachdem er seiner heiligen Geschichte beraubt worden war, sich vom Festland Zentral- und Südamerikas über den Atlantik auf den karibischen Inseln in Form großer Plantagen und über den Pazifik in Richtung Asien, wo er z.B. auf Java von den Holländern angebaut wurde (siehe Abb. 4), verbreitet. Von Brasilien aus tritt der Kakao über den Atlantik im Jahre 1822 eine weitere, verhängnisvolle Reise an – unterstellen wir, dass es nicht in vorkolumbianischen Zeiten Beziehungen zwischen Amerika und Afrika gegeben hat, wie dies der Anthropologe Jack Forbes nachzuweisen versuchte, in dem er u.a. auf historischen Klärungsbedarf in Hinblick auf die Verbreitung bestimmter Bananen-, Baumwoll-, Yams- und anderer Kulturen in Afrika und Amerika hinwies.[33]

Einer Quelle zufolge soll ein portugiesischer Oberst die Kakaokultur auf der kleinen westafrikanischen Insel Principe eingeführt haben, deren Erfolg den Baron Agua Zé veranlasst habe, Plantagen auf der Hauptinsel São Tomé anzulegen.[34] Andere Berichte sprechen davon, dass bereits die Holländer im 17. Jahrhundert den Kakao auf São Tomé heimisch gemacht haben.[35] Die Insel von 830 qkm Fläche ist zu ihren Hochzeiten mit 500 qkm Kakaoplantagen überzogen. Im Jahre 1910 erreicht der Kakaoex-

Abb. 5:
Kakaobohnen werden auf den Dächern einer Plantage in Trinidad getrocknet.

31 Uwe Pollmann, Bittere Schokolade, in: Die Zeit, 15.10.1993.

32 BUKO, Agrar Dossier, Kakao, BUKO Agrar Koordination, Hamburg 1995, 19.

33 »We are, however, left with a number of significant problems, such as how plants of the banana-plantain familiy reached the Americas and West Africa, how certain species of cotton spread, whether the yam was present in the pre-Columbian Caribbean, and so on.« Jack D. Forbes, Africans and Native Americans, The Language of Race and the Evolution of Red-Black Peoples, Chicago 1988, 17.

34 Wolf Mueller, Seltsame Frucht Kakao. Geschichte des Kakaos und der Schokolade, Hamburg 1957, 99.

35 Eric R. Wolf, Die Völker ohne Geschichte. Europa und die andere Welt seit 1400, Frankfurt a. M. 1991, 472.

Kakao—Farm der
Westafr. Pflanzungs-Gesellschaft „Bibundi"
(Dreieinnalbjähriger Kakaobestand bei der W.P.B.

Abb. 6:
Übersee-Museum (Hist. Bildarchiv), P. Nr.: 03321, anonym, vor 1910.

port von 38.000 t seinen Höchststand und deckt 10 % der Kakaoweltproduktion ab.[36] Von der kleinen Nachbarinsel Fernando Pó gelangt der Kakao durch einen afrikanischen Pflanzer an die so genannte Goldküste, das heutige Ghana, von wo aus sich Theobroma cacao rasch im westlichen Afrika ausbreitet, im Norden bei den Aschanti, im Osten bei den Yoruba in Nigeria, von wo aus die Duala ihn in Kamerun einführen, und im Westen bis zur Elfenbeinküste. Auf diesem Wege bewegten sich die goldenen Früchte, die seit Jahrhunderten von den afrikanischen Sklaven, sei es auf Trinidad (siehe Abbildung 5), seit es auf Haiti, Jamaica oder in Venezuela und Brasilien aufgezogen und geerntet worden waren, in jene Regionen des afrikanischen Kontinents, aus denen zuvor die Sklaven in die neue Welt deportiert worden waren. Während der europäische Hunger nach Kautschuk – im Zuge auf-

kommender Reifenindustrie – Amazonas und Kongo ineinander fließen läßt, führte der nach Schokolade zur Angleichung der Küsten Südamerikas und Westafrikas. Die Voraussetzung des Kakaoanbaus im großen Stil des Landesinneren, war dessen Unterwerfung durch die Kolonialmächte, wie es den Engländern schließlich durch die Besetzung der Aschantihauptstadt und die Deportation des König Prempeh auf die Seychellen 1896 gelungen war. Ein Jahr später hatte die »Westafrikanische Pflanzungsgesellschaft Victoria« in Kamerun, das seit 1884 deutscher Kolonialherrschaft unterworfen war, auf dem zwangsenteigneten Land mit 27.000 Bäumen die Keime für die größte Kakaoplantage Afrikas gelegt, die im Jahre 1913 2.500 ha Erträge abwarf.[37]

Die Sterblichkeit auf den Plantagen war hoch. »Es ist nicht zuviel gesagt‹, schreibt die ›Deutsche Reichs-Post‹ 1900, wenn »behauptet wird, daß jährlich 20 Prozent der Arbeiter als Kulturdünger dienen.«[38] Auch andere deutsche

36 Ebenda, 175.

37 Wolf Mueller, Seltsame Frucht Kakao. Geschichte des Kakaos und der Schokolade, Hamburg 1957, 182.

38 Ekkehard Launer, Deutsche Plantagen am Kamerun-Berg, in: Zum Beispiel Kakao, hrsg. v. Einhard Schmidt-Kallert, Göttingen 1995, 32.

Pflanzungsgesellschaften, wie die Gesellschaft Südkamerun oder die Bibundi AG (siehe Abb. 6), deckten den wachsenden Kakaobedarf der prosperierenden Schokoladenindustrie im Deutschen Reich ab, wo bereits 1893 15.000 Schokoladenautomaten um die Gunst der süßen Verführung warben, wenngleich Ecuador, Ghana und São Tomé (zw. 30.000 und 40.000 t im Schnitt) vor, während und nach dem 1. Weltkrieg die Hauptlieferländer bleiben sollten.[39] Neben der deutschen Kolonie Togo wurden auf Samoa Plantagen errichtet, die 1905 2750 t eines wegen seiner hohen Qualität geschätzten Kakaos lieferten.[40] Um die

Jahrhundertwende stand das Deutsche Reich mit 19.240t an der Spitze der Rohkakaoimporteure, gefolgt von den USA (18.770 t) und Frankreich (17.460 t).

Mit der Reise des Kakaos nach Afrika ist es an der Zeit, uns der Gegenwart zuzuwenden, schließlich bringt Afrika den größten Anteil, über die Hälfte der Weltkakaoernte, auf den Markt. Ghana, das im Jahre 1910 zum weltgrößten Kakaoexporteur aufgestiegen war und dies bis zum Jahre 1978 bleiben sollte, und die Elfenbeinküste gehören zu den führenden Kakaoexporteuren.

Von der Gold- und Elfenbein- zur Kakaoküste

Die Früchte des braunen Goldes

Etwa 90 % (hauptsächlich Forastero-Kakao) der Weltkakaoproduktion, von der rund 90 % in die Schokoladeherstellung gehen, kommen aus Westafrika.[41] Drei Viertel der Kakaoimporte Deutschlands stammen aus Westafrika. Die Elfenbeinküste, wohin mit Beginn des Jahres 2003 der Sitz der Internationalen Kakao Organisation (ICCO) von London nach Abidjan verlegt werden wird, ist heute der größte Kakaolieferant (1,4 Mill. t im Erntejahr 1999/2000) der Welt.[42] Ihr folgen Ghana (440.000 t), Indonesien (410.000 t), Nigeria (165.000 t), Brasilien (125.000 t) und Kamerun (120.000 t).[43]

Über 14 Millionen Menschen leben weltweit von der Kakaoproduktion in Afrika, Asien, Süd- und Mittelamerika sowie Ozeanien, davon allein in Westafrika etwa 1,2 Millionen Kleinbauernfamilien und insgesamt 11 Millionen Plantagenarbeiter. Ein mittlerer Kakaobetrieb verdient mit der gesamten Jahresernte rund 340 €.[44] Vom Preis einer

selbst fair gehandelten Tafel Schokolade entfallen auf den Kakaobauern etwa 3,9 % des Erlöses.[45] Notiert werden die Preise für die Tonne Rohkakao auf der Londoner Kakao-Terminbörse und der New Yorker für Kaffee, Zucker und Kakao (Coffee, Sugar and Cocoa Exchange) mit zuletzt – in Folge von Rückgang des Erntevolumens, bedingt durch Virus- und Pilzbefall (Baumkrankheiten, die nicht selten Tausende von Hektar in kurzer Zeit dahinraffen) – steigender Tendenz auf 1574 $ die Tonne Rohkakao (für September 2002 ist auf dem Future Markt ein Preis von 1536 $ [46] als Option gesetzt).

Nach Erdöl, Kaffee und Zucker ist Kakao die lukrativste Handelsware auf den internationalen Börsenplätzen. Im Jahre 1996 belief sich der Umsatz von Schokoladenprodukten, in welche der überwiegende Teil der Weltkakaoernten eingeht, in Europa auf 18,463 Billionen Dollar.[47] Die multinationalen Schokoladenkonzerne wie Nestlé mit

39 Roselius, F., Michaelsen, W.B., Schroeder, H.O., Wiehr, E., Kaffee, Tee, Kakao in der Kriegswirtschaft, Berlin 1918, 69.

40 Walter Stollwerk, Der Kakao und die Schokoladenindustrie (Dissertation), Halle 1907, 32.

41 African Cocoa, Africa South of Sahara 2000, newafrica.com.

42 Der Rohstoff Kakao bleibt vorerst knapp, Handelsblatt 30.4.2002, 34.

43 Quarterly Bulletin of Cocoa Statistics, H. 26 (4), ICCO, London 2001.

44 Klaus Werner/Hans Weiss, Schwarzbuch Markenfirmen. Die Machenschaften der Weltkonzerne, Wien, Frankfurt. 2001, 147.

45 Cameron Doudo, A society like ours has no need of slaves, in: New African, June 2001, No. 397, London 2001, 39.

46 New York Board of Trade, Daily Market Reports, Cocoa, (Stand 9.6.2002).

47 Information on chocolate consumption around the world, International Cocoa Organization (ICCO), London 2001.

Abb. 7:
Traditionelle Schokoladekugeln, wie sie wahrscheinlich seit Zeiten der Maya von Hand produziert wurden, überdauern die Stürme globaler Marken.

der Zucker, dann das Pulverisierungsverfahren des Holländers van Houten im Jahre 1828, das den Fettanteil der Kakaobutter erheblich senkte, und schließlich die Milch der Alpenkuh schufen einen neuen Charakter der Schokolade, der seine industrielle Produktion und Vermarktung in Europa einleitete.

Auf den Märkten Guatemalas, Mexikos, Venezuelas und anderen Ländern Süd- und Zentralamerikas (siehe Abb. 7) werden heute noch traditionelle, handgemachte Schokoladekugeln angeboten. Ihre Identität hat sich über die Jahrhunderte aller Globalisierung der großen Marken zum Trotz gehalten. Mexikanerinnen und Mexikaner konsumieren etwa 0,17 kg pro Kopf im Jahresdurchschnitt, obwohl wir nicht wissen, ob diese Angabe die Verarbeitung heimischer Schokoladekugeln berücksichtigt. Der offizielle Schokoladenmarkt wird dort zu 80 % von Hershey, Mars und Nestlé dominiert[49], deren Marktbeherrschung dort wie andernorts auf eine Standardisierung und Homogenisierung des Angebotes orientiert.[50] Der Erfolg der Marketingstrategie hält sich jedoch in Grenzen, zumindest in Hinblick auf die Ausdehnung des Markenangebots in die Länder der südlichen Halbkugel. Es scheint, als führe die Schokolade in Form traditionell gefertigter Kugeln ein heimliches, ein den Tafeln und Riegeln widerstehendes Schattendasein. Während die Schokoladenkugel auf den ländlichen Märkten und städtischen Ständen Zentral- und Südamerikas triumphiert, sind den Markenschokoladen die Regale in klimatisierten Supermärkten überlassen.

einem Süßwarenabsatz im Wert von 6,9 Mrd. €, Mars (6,3 Mrd. €), Phillip Morris/KJS (3,9 Mrd. €), Cadbury (3,7 Mrd. €) und Ferrero (3,8 Mrd. €)[48] versorgen Naschkatzen und –kater in Europa und den USA, wo in der Schweiz über 10 kg, in Deutschland über 8 kg und in den USA über 6 kg pro Kopf jährlich an Schokolade konsumiert werden.

Kehren wir zurück in die Ursprungsregionen der Schokolade, wo wir vor 500 Jahren begonnen hatten, den Weg der Schokolade um den Globus nachzuzeichnen. Die Schokolade erfuhr seitdem zahlreiche Metamorphosen. Vom geschätzten, spirituellen und heiligen Getränk der Maya und Azteken in ihren Anfängen wurde sie zum beliebtesten Genussmittel in seinen vielen Gestalten als Tafel, Riegel und Praline in den Ländern des Nordens. Erst

48   Multis im »süßen Geschäft«, Kakaobohne und Schokoriegel. Hintergrundinformationen Schokoladenindustrie, Stand 2000/2001, hrsg. v. Gewerkschaft Agrar, Nahrung, Genuß, Wien 2002, 2.

49   Consumption of Chocolate in Mexico, International Cocoa Organization (ICCO), London 2001.

50   »La mondialisation et la concentration industrielle conduisent à une standardisation du produit, à une dimunition du nombre des marques, et à une réduction des coûts.« Marie de Lattre-Gasquet, La mondialisation de la filière cacao et son impact sur l´accord international sur le cacao, Economies et Sociétés, H. 34, 10/11, Paris 2000, 254.

Renate Niemann:

Die bittere Seite der Schokolade

Deutsche Kakaokolonie Kamerun 1884 bis 1914

Deutsche Kolonie Kamerun

Die Gründung des Deutschen Reiches im Jahr 1871 zog eine neue Ausrichtung der deutschen Wirtschaftsinteressen nach sich. Wie auch in den übrigen europäischen Staaten, ging die zunehmende Industrialisierung mit einer wachsenden Abhängigkeit von Rohstoffimporten einher. Deutschland sah das Fortkommen seiner Wirtschaft in der politischen und wirtschaftlichen Erschließung eigener außereuropäischer Rohstoffbasen und einer damit verbundenen Monopolisierung künftiger Absatzmärkte. 1884 begann Deutschland mit dem Erwerb von Kolonien.

Hinter der Errichtung der deutschen Kolonie Kamerun standen Afrika-Kaufleute als treibende Kräfte. Die beiden Hamburger Firmen C. Woermann und Jantzen & Thormählen trieben im Kamerungebiet bereits seit 1868 bzw. 1874 erfolgreich Handel. Am Kamerunberg hatten sie für wenig Geld und ein paar Fässer Branntwein den Stammeshäuptlingen große Ländereien abgekauft. 1868 gründete Woermann hier die Erste deutsche Faktorei. Woermann und Thormählen waren auch die ersten, die sich neben der Vermarktung von Handelswaren mit dem Anbau der stark nachgefragten pflanzlichen Rohstoffe beschäftigten.[1]

Die Wende zum aktiven Eingreifen Deutschlands in Westafrika und Kamerun war 1883 markiert worden: Das Auswärtige Amt hatte, die afrikapolitischen Interessen der Hansestädte betreffend, um »Gutachten der Interessentenkreise« und die Formulierung von diesbezüglichen Wünschen gebeten. Adolph Woermann, nicht nur in Afrika rege, sondern gleichzeitig auch Reichstagsabgeord-

neter und Vizepräsident der Handelskammer Hamburg, legte die gewünschte Denkschrift vor, die als offizielle Äußerung der Handelskammer angenommen wurde. Mit seinen Forderungen nach einer deutschen Kolonie in Kamerun fand er vor allem bei den hamburgischen Kaufleuten und Reedern lebhafte Unterstützung.[2]

Den Kernpunkt der Forderungen bildete der Wunsch nach Erwerb eines Landstreifens an der Festlandküste Kameruns. Man verlangte den Abschluss von Verträgen mit afrikanischen Herrschern, wobei die Stationierung deutscher Kanonenboote in westafrikanischen Gewässern die Einhaltung der Vertragsbestimmungen gewährleisten sollte. Zur Absicherung der wirtschaftlichen Interessen wurde zur formalen Übernahme der Herrschaft durch das Deutsche Reich gedrängt. Innerhalb eines Jahres wurde das Anliegen in die Tat umgesetzt: Am 14. Juli 1884 proklamierte der von Bismarck zum Reichskommissar ernannte Afrikaforscher und Generalkonsul in Tunis, Gustav Nachtigal, die deutsche Schutzherrschaft über die Siedlungen am Kamerun-Fluss.

Die im selben Jahr für den Westafrika-Verkehr gegründete Afrikanische Dampfergesellschaft AG wurde bereits zwei Jahre später, 1886, in Woermann-Linie GmbH umbenannt und brachte dem Hamburger eine Monopolstellung ein. Die Linie, die von Hamburg aus regelmäßig Westafrika und Kamerun anlief, übernahm den Transport der afrikanischen Rohstoffe nach Deutschland und die Versorgung der deutschen Kolonisten in Afrika mit europäischen Waren.

1   Mandeng, Patrice (1973): Auswirkungen der deutschen Kolonialherrschaft in Kamerun. Helmut Buske Verlag, Hamburg, S. 67.
2   Wehler, Hans-Ulrich (1969): Bismarck und der Imperialismus. Verlag Kiepenheuer & Witsch, Köln und Berlin, S. 304f.

Geschäftshaus der Woermann-Linie, Kamerun. Koloniales Bildarchiv der Universität Frankfurt Bildnr. 043-3046-03

Die Plantagenwirtschaft

Die beiden ersten deutschen Plantagengesellschaften in Kamerun waren die 1885 gegründete Kamerun-Land- und-Plantagen-Gesellschaft Woermann, Thormählen & Co. und die 1888 entstandene Tabakbau-Gesellschaft Kamerun Jantzen, Thormählen und Dollmann, die sich anfänglich auf den Tabakbau konzentrierten, aber innerhalb weniger Jahre auf den Anbau und die Vermarktung von Kakao umstiegen.

Während der erste Kamerun-Kakao fast ausschließlich in Eingeborenenkulturen produziert worden war, wurden ab 1886 Versuche mit der Plantagenpflanzung unternommen. In Bipindi wurde ein Versuchsgarten angelegt. Das Pflanzenmaterial stammte von den portugiesischen Ka-

kaopflanzungen auf Fernando Póo und São Tomé. Die Versuche waren erfolgreich und die organisierte Kakaoproduktion in Kamerun lief an. 1889 gab es eine erste, sehr bescheidene Ausfuhr: 5 Sack Kakao im Wert von 360 Mark.[3]

Vier Jahre später, 1893, exportierte die Kolonie bereits 1320 Sack »deutschen« Kakao, etwa 1560 Zentner. Auf der ersten deutschen Kakaopackung prangte zu Ehren der Hamburger Plantagen-Pioniere ein ganz spezieller Markenname: »Aline Woermann«. Angeblich besonders nahrhaft, dazu fettarm und trotzdem preiswerter als Konkurrenzprodukte, gewann »Aline Woermann« auf der Dresdner Internationalen Ausstellung eine Goldmedaille, und die deutsche Kakaoproduktion begann sich zu rentieren.[4]

Die Plantagenwirtschaft wurde zu einem konstitutiven Teil der deutschen Kolonialwirtschaft. In den letzten fünf

---

3   Mueller, Wolf (1957): Seltsame Frucht Kakao. Verlag Gordian – Max Rieck, Hamburg, S. 182.

4   Launer, Ekkehard (1990): Deutsche Plantagen am Kamerun-Berg. In: Schmidt-Kallert (1990): Zum Beispiel Kakao. Lamuv-Verlag, Göttingen, S. 29.

Transport der Kakaobohnen zur Trockenhalle. Westafrikanische Pflanzungs-Gesellschaft »Victoria«, Kamerun.

Jahren des 19. Jahrhunderts erlebte Kamerun unter der Obhut des Gouverneurs Jesco von Puttkamer ein wahres Plantagen-Gründungsfieber. Bis 1900 gelang es ihm, das gesamte fruchtbare Gelände um den Kamerunberg für geringste Preise an deutsche Gesellschaften zu vergeben. Die rechtliche Grundlage hierfür bot die 1896 erlassene Kronlandverordnung, der zufolge alles Land in Kamerun, das nicht offiziell von Dritten, d.h. von Einheimischen oder Stammesgemeinschaften beansprucht wurde, zu »herrenlosem Land« und damit zum Eigentum des Deutschen Reiches wurde. Diese besonders freundliche Landpolitik zugunsten des deutschen Kapitals förderte die Bildung von Großplantagen und Konzessionsgesellschaften.[5]

1897 trat das erfolgreichste Unternehmen der Kameruner Kakaowirtschaft ins Leben, die Westafrikanische Pflanzungsgesellschaft Victoria (WAPV). Nach einem Jahr hatte die Gesellschaft bereits 54 Hektar Land mit etwa 27.000 Kakaobäumen bepflanzt. Hieraus entwickel-

te sich die größte Kakaoplantage Kameruns mit einer Jahresproduktion von etwa 1.700 Tonnen Rohkakao. Neben der WAPV widmeten sich weitere Pflanzungsunternehmen dem Kakaoanbau: die Gesellschaft Südkamerun, die Molive-Pflanzungsgesellschaft und die Bibundi-AG. Auch die Kamerun-Eisenbahngesellschaft unterhielt Kakaopflanzungen. Insgesamt erweiterte sich die Bodenfläche der europäischen Pflanzungen von 7.579 Hektar im Jahr 1905 auf 13.161 Hektar im Jahr 1913.[6]

Bewirtschaftung und Arbeiterrekrutierung

Kamerun wurde zur wichtigsten rohstofferzeugenden Kolonie Deutschlands. Die Plantagen befanden sich hauptsächlich an den Hängen und im Umkreis des Kamerunberges; das Binnenland blieb lange Zeit weitgehend unerschlossen. Folglich lagen alle großen Plantagen in

5   Mandeng, ebd., S. 70f.
6   Mueller, ebd., S. 183.

Küstennähe, weniger als eine Tagesreise vom Meer entfernt, was den Weitertransport der Erzeugnisse erheblich erleichterte.

Bis zur Verfrachtung aufs Schiff ergaben sich nur geringe Transportkosten. Im Jahr 1900 exportierte Kamerun 261 Tonnen Kakao. Die deutsche Verwaltung war mit allen Mitteln bemüht, diese Zahl zu steigern. Kakaoinspektionen wurden eingerichtet, deren Beamte die Aufgabe hatten, durch die Anlage von Musterfarmen und durch Belehrung über Anbau und Aufbereitung des Kakaos zu einer sachgemäßen Kultur anzuleiten.

1909/10 waren 99 % der in Kultur stehenden Plantagenfläche mit Kakao kultiviert. Kautschuk, Ölpalme und Banane nahmen nur geringe Flächen ein. In Versuchsgärten wurden verschiedene tropische Kulturpflanzen angebaut, Kokospalmen, Ananas, Vanille und Pfeffer, was sich aber als unrentabel erwies. Der Kakao blieb während der gesamten Kolonialzeit unangefochtener Spitzenreiter unter den Anbauprodukten. 1913 konnte Deutschland bereits 13 % seines Kakaobedarfs aus den Plantagen der eigenen Kolonien abdecken, wovon fast 90 % aus Kamerun stammten.

Für die Plantagenwirtschaft mussten drei Grundvoraussetzungen geschaffen werden: politische Sicherheit, die Möglichkeit des Erwerbs großer Landflächen und die Sicherstellung einer ausreichenden Anzahl geeigneter Arbeiter, die kontinuierlich beschäftigt werden konnten. Die einheimische Bevölkerung sollte der Struktur der Kolonialwirtschaft »erschlossen« werden, einerseits als Rohstofferzeuger, zum anderen als Abnehmer von Industrieprodukten. Die neue Wirtschaftsweise wurde nicht nur als Schubkraft für den Aufschwung des deutschen Handels betrachtet, sondern gleichzeitig als eine Art »Entwicklungshilfe« für die afrikanischen Länder.

Die mit großem Anlage- und Betriebskapital ausgestatteten Plantagenbetriebe waren darauf eingestellt, ihre Produkte außerhalb der Kolonie abzusetzen. Sie hatten die Aufgabe, Kamerun in die Weltwirtschaft einzugliedern und die Eingeborenenbevölkerung mit den neuesten Bewirtschaftungsmethoden »vertraut zu machen«. [7]

Diese »Vertrautmachung« mit neuen Bewirtschaftungstechniken geschah meist über Zwangsrekrutierung, denn mit der Beschaffung von freiwilligen Arbeitskräften gab es Probleme: Die Schutzverträge garantierten den Afrikanern die Nutzung ihres eigenen Grund und Bodens. Am Kamerunberg bewirtschafteten sie erfolgreich eigene kleine Farmen, die in kleinerem Umfang Produkte wie Kautschuk, Ölfrüchte und selbst gezogene Kakaobohnen exportierten. Die Arbeitsbedingungen auf den Plantagen der Europäer hingegen waren wenig verlockend. Da man Weiße aber für körperliche Arbeiten in der Urwaldzone für grundsätzlich ungeeignet hielt, war ein ständiger Nachschub an einheimischen Arbeitskräften gefordert. Tausende von Schwarzen waren jedoch nicht verfügbar, weil ihre Dienste als Träger unentbehrlich waren, ein Problem, das sich mit dem einsetzenden Wege- und Straßenbau und dem Ausbau der Verkehrsanbindung ins Binnenland noch verstärkte, da auch hierfür einheimische Arbeitskräfte gebraucht wurden. Der höhe »Verschleiß« auf den Plantagen tat ein Übriges. In der Deutschen Reichs-Post von 1900 hieß es: »Es ist nicht zu viel gesagt, wenn behauptet wird, daß jährlich 20 % der Arbeiter als Kulturdünger dienen […] In der Moliwe-Pflanzung starben vom März bis August 1899 von 200 Arbeitern 23. In den anderen Pflanzungen ist es nicht besser.« [8]

Als Vorstandsmitglied des Vereins Westafrikanischer Kaufleute bestätigte noch 1913 der Bremer Kaufmann J. K. Vietor all diese Zustände: »Über die Sterblichkeit kann ich leider keine genauen Zahlen geben und das ist für mich ein Zeichen, wie schlimm es mit denselben auf den Kakaoplantagen heute noch aussieht. Während ich voriges Jahr in Kamerun war, wurde mir erzählt, dass auf der Tiko-Pflanzung 50 oder 75 % der Arbeiter in 6 Monaten gestorben seien, was auch von den Leitern zugegeben wurde.« [9]

7 Lieb, Alfred (1932): Deutsche Kolonialarbeit und zehn Jahre Mandatsherrschaft in Kamerun. Buchdruckerei Wilhelm Weigand, Schwarzenbach an der Saale. S. 5f.

8 Deutsche Reichs-Post (1900): Nr. 93.

9 Verein Westafrikanischer Kaufleute (1913): Bericht über das Vereinsjahr 1912.

Die Ursachen lagen in desolaten sanitären Verhältnissen, mangelnder medizinischer Versorgung, epidemischer Krankheitsausbreitung und Misshandlungen. Bei den Afrikanern, die aus dem klimatisch gemäßigteren Hochland Kameruns herangezogen wurden, zog die Arbeit in den heißen und feuchten Küstengebieten hohe Verluste durch Krankheiten mit sich. Auch die Verpflegung stellte ein Problem dar. Neben dem Exportprodukt Kakao mussten ausreichend Flächen mit landwirtschaftlichen Produkten des täglichen Bedarfs bebaut werden.

Letztlich kam die Verwaltung zu dem Schluss, dass eine ausreichende Zahl einheimischer Arbeitskräfte nur durch militärische Rekrutierung zu gewährleisten sei. Schon 1898 wurde ein Abkommen zwischen der Kolonialverwaltung und den Plantagenunternehmern geschlossen, in dem die Verwaltung sich bereit erklärte, künftig die notwendigen Arbeitskräfte anzuwerben. Dies lief auf eine Praxis hinaus, den Kräftebedarf durch Zwangsarbeiter zu decken.[10]

Die Verbindung zwischen Arbeitskräftebeschaffung und dem Einsatz der Kolonialtruppe wird in den Anordnungen des Gouverneurs von Puttkamer an den Truppenkommandeur Kramptz anlässlich einer Expedition gegen den Stamm der Wute deutlich. Der Kommandeur wurde angewiesen, im Falle des Sieges einen »Friedensvertrag« mit den Besiegten zwecks Lieferung von Arbeitskräften zu erzwingen, des Weiteren als Kriegsentschädigung die Lieferung von Zwangsarbeitern zu verlangen, und schließlich die im Stamm der Wute lebenden Haussklaven mit ihren Familien an die Küste zu senden, wo sie in besonderen Dörfern innerhalb der Plantagendistrikte angesiedelt werden sollten, um dort zu arbeiten.[11] Die Deutsche Kolonialzeitung 1898: »Schon seit mehreren Jahren erficht die Schutztruppe in dem Innern des dicht bevölkerten Südbezirks gegen Aufrührer, Wegelagerer […] Sieg um Sieg. […] Warum lässt man diese Burschen nicht durch fünfjährigen Arbeitszwang fühlen, dass sie unter deutscher Herrschaft Schandtaten nicht begehen dürfen? […] Es wäre diese Methode keineswegs Sklaverei, die Leute könnten

Abb.10
Ein Plantagenarbeiter beim Aufschlagen der Kakaofrüchte, Kamerun. Koloniales Bildarchiv der Universität Frankfurt. Bild-Nr. 018-2002-07

ja in aller Form auf dem Gebiet einer Plantagen-Gesellschaft mit Weib und Kind angesiedelt werden, wobei die Pflanzung etwa in den ersten 2 Jahren die Hälfte des Ar-

10 Mandeng, ebd., S. 75.
11 Mandeng, ebd., S. 77.

beitslohnes dem Gouvernement als Kriegsentschädigung auszahlte, während nach dieser Frist der Lohn den Leuten unverkürzt zu Gute käme.«[12] In den folgenden Jahren wurden noch viele Stammesgemeinschaften aus verschiedenen Anlässen von der Kolonialtruppe »befriedet«. Bis zum Ende der deutschen Kolonialzeit blieb der Einsatz von Soldaten Bestandteil der amtlichen Anwerbung von Arbeitskräften. Dabei wurden Arbeiter aus immer entfernteren Gebieten rekrutiert, was zur teilweisen Entvölkerung dünn besiedelter Landstriche führte. Entsprechend der Ausdehnung und der Ertragsfähigkeit der Plantagen erhöhte sich der Arbeitskräftebedarf von Jahr zu Jahr. Arbeiteten im Jahr 1908 erst 8.200 einheimische Kräfte auf den deutschen Pflanzungen, waren es fünf Jahre später bereits annähernd 18.000. 1914 waren es etwa 20.000. Man erwog sogar, chinesische Arbeitskräfte anzuwerben, wie es für verschiedene ostafrikanische Gebiete und Südafrika bereits praktiziert wurde.

Moralischer Unterbau – Erziehung zur Arbeit

In zeitgenössischen Berichten wurde immer wieder beklagt, dass die eingeborene Bevölkerung an planmäßige Lohnarbeit nicht gewöhnt sei und erst »erzogen« werden müsse: »Teilweise waren aber auch die Eingeborenen gar nicht gewillt, von ihren bisherigen Lebensgewohnheiten abzugehen. So mussten sie zur Arbeit erst erzogen werden. Nicht immer ließen sich dabei gelegentliche Zwangsmassnahmen der deutschen Kolonialverwaltung umgehen. Die junge deutsche Kolonialmacht wollte ihre Schutzgebiete möglichst bald in die Weltwirtschaft eingliedern. Für das eingeschlagene Tempo der Kultivierung hatte der Eingeborene Kameruns kein Verständnis. Zur Erkenntnis, dass die Kolonisation auch für ihn eine Steigerung seiner Lebenshaltung bringen würde, fehlte es dem Eingeborenen an nötigem Weitblick.«[13]

Die Europäer glaubten sich nicht nur im Recht, sondern geradezu verpflichtet, den »primitiven« Völkern die Er-

rungenschaften ihrer Zivilisation zu bringen, sie zu »erziehen« und vor allem, sie in »nützliche« Wirtschafts- und Arbeitsprozesse einzugliedern. Die zwangsweise Umsiedlung der Angehörigen des Wute-Volkes in die Nähe der Verkehrswege und Verbindungsstraßen ins Landesinnere, um dort die Versorgung der vorbeiziehenden Händler und Trägerkolonnen sicherzustellen, wurde von Marie Pauline Thorbecke, die von 1911 bis 1913 ihren Mann Dr. Franz Thorbecke auf einer Expedition begleitete, kommentiert: »Aber jetzt sehe ich, daß diese Maßnahme doch auch erzieherischen Nutzen für die Neger selber hat. Früher, als sie »im Busch« saßen [...], bauten sie gerade so viel Bodenfrüchte, wie sie für sich selber nötig hatten, ganz sicher nicht drei Körbe Hirse mehr. Hier an der Straße lernen sie, über ihren eigenen Bedarf hinaus für Nahrungsmittel zu sorgen, denn sie sind verpflichtet, den wandernden Karawanen das für ihren Lebensunterhalt Nötige zu verkaufen. [...] Die faulen Neger werden dadurch fleißiger, sie verdienen und kommen, wenn auch langsam, wirtschaftlich vorwärts.«[14]

Eine Denkschrift von 1910 für den Standorterhalt von in Südkamerun tätigen europäischen Firmen argumentierte auf gleicher Ebene: »Das kulturelle Niveau dieser Eingeborenen würde bei einem Rückzug der Batangafirmen aus dem Südbezirk sinken. Der zivilisatorische Einfluß der Firmen auf die Eingeborenen, ihre Erziehung zu geregelter Tätigkeit, teils im Dienste des Handels, teils durch Anregung zur Aneignung der Urprodukte des Landes wie auch zur Urproduktion, zur Erzeugung landwirtschaftlicher Produkte zwecks Eintausch europäischer Erzeugnisse, würde ganz wesentlich eingeschränkt werden und einen Rückfall der Eingeborenen in ihre ursprüngliche Bedürfnislosigkeit zur Folge haben.«[15] Die »Erziehung zur Arbeit« auf den Plantagen fand regelmäßig mit Gewehr und Peitsche statt: »Unter Kennern gilt Kamerun bald als »the twenty-five country«: 25 Hiebe mit der Nilpferdpeitsche ist die Mindeststrafe. Die Sterblichkeit auf den Plantagen ist hoch.«[16]

12 Deutsche Kolonialzeitung (1898): Nr. 18.

13 Lieb, ebd., S. 12.

14 Thorbecke, Marie Pauline (1914): Auf der Savanne. Verlag E. S. Mittler & Sohn, Berlin, S. 126f.

15 Archiv der Handelskammer Bremen: Konvolut KO 8, Bd. 2.

16 Launer, ebd., S. 30.

Kamerun

Viktoria am Kleinen Kamerunberg

Marie Pauline Thorbecke bestätigte lakonisch diese Behandlungsmethode »widerspenstiger« oder »fauler« Schwarzer, für die es nur ein Allheilmittel gab: »Die Drohung, ihnen auf der Station »twenty-five« geben zu lassen […] bringt sie wieder vorwärts.« [17]

Auch die 1908 von der Verwaltung erlassene »Kopfsteuer« von 6 Mark für jeden Erwachsenen funktionierte als Zwangsmaßnahme zur Rekrutierung von Arbeitskräften, wie eine »Ansprache an die Häuptlinge« vom 2. November 1912 dokumentiert, welche der Stationsleiter des deutschen Stützpunktes Joko, ein Herr Müller, den örtlichen Stammesfürsten hielt. Die meisten Eingeborenen konnten dieses Geld nur aufbringen, indem sie es abarbeiteten: »Wenn die Steuerzettel von der Station kommen, so heißt das nicht, daß der Häuptling alle Steuern bezahlen soll oder etwa gar deswegen sein Pferd verkaufen muß. Jeder arbeitsfähige Mann soll selber seine 6

Das Sammelbildchen zeigt die Idealisierung Kameruns.

Mark Steuer entrichten; er melde sich als Träger bei der Faktorei oder suche eine andere Arbeit. Arbeit gibt es genug! Das Geld liefere er dem Häuptling ab. Wenn etwa ein Mann nicht arbeiten will, so soll ihn der Häuptling nur zur Station bringen, dann gebe ich ihm Arbeit, bis er sechs Mark verdient hat.« [18]

Die Duala und der Kakaoanbau

Die ethnische Gruppe der Duala verfügte schon in vorkolonialer Zeit über einen hohen sozio-ökonomischen Einfluss innerhalb der einheimischen Bevölkerungsgruppen Kameruns. Sie hielten die strategisch wichtige Zwischenhändlerfunktion inne und vermittelten zwischen dem Hinterland und den Küstengebieten. Diese starke Stellung versuchten sie in der politisch unvorteilhaften Situation

17 Thorbecke, ebd., S. 15.
18 Thorbecke, ebd, S. 196.

des Kolonialismus zu erhalten, indem sie dessen Strukturen nutzten. Zwischen 1880 und 1930 gelang es ihnen, zur führenden einheimischen Wirtschaftsgruppe aufzusteigen. Ihr Einfluss ging über rein ökonomische Aspekte hinaus, wurde andererseits aber nie in ein stabiles politisches System umgesetzt.[19]

Die eindringenden europäischen Firmen versuchten das Zwischenhandelsmonopol der Duala zu entkräften. Bereits die früheste deutsche Administration versuchte, ihre Tätigkeit auf die Produktion landwirtschaftlicher Exportgüter zu konzentrieren. Diese Haltung zeigt sich in einem Reisebericht von 1898: »Hoffentlich wird es den Kaufleuten allmählich gelingen, den Zwischenhandel der Stämme zwischen der Küste und dem Hinterlande immer mehr zu überwinden […] Welche Verluste aus solchen Verhältnissen dem Handel erwachsen, bedarf kaum der näheren Ausführung. Ein wesentliches Mittel zur Abhülfe würde es sein, wenn es gelänge, den Eingeborenen zu einer vernünftigen Kultur, das heißt zu regelrechter Arbeit auf dem Felde, in der Plantage, als Handwerker u.s.w. zu erziehen.«[20]

Kakao war in Kamerun bereits bekannt, aber nie im großen Stil angebaut worden. Die Duala reagierten flexibel. Entlang der Flüsse, die ihnen als Handelswege dienten, etablierten sie eigene Kakaofarmen. Schon in vorkolonialer Zeit war das landwirtschaftliche Unternehmertum der Duala hierarchisch organisiert gewesen. Die freien Duala-Männer betrachteten landwirtschaftliche Arbeit als unwürdig und statusmindernd. Die Landbearbeitung geschah traditionell durch die Frauen und durch Sklaven, die eine Art »produktives Kapital« darstellten. Diese Strukturen waren für die Duala-Gesellschaft das Schlüsselelement zur Konstruktion effektiver wirtschaftlicher Organisationsformen.[21] Auf einigen ihrer Kakaofarmen beschäftigten sie mehrere hundert Arbeitskräfte. Die »Gentleman-Farmer« selbst verbrachten einen Großteil ihrer Zeit in den Küstenstädten mit dem Verkauf der Ernten.

Die Übernahme des Kakaoanbaus zeigt die Ambitionen der Duala, Anteil an den Attributen der neuen »Zivilisation« zu erhalten. Ein Teil der Duala-Elite sah die Adaption des fremden Produktes sogar als Beweis der Überlegenheit gegenüber anderen einheimischen Stämmen, die weniger flexibel waren. Der Kakao brachte Einkommen in Form von Geld, das dazu verwendet werden konnte, neue europäische Prestigegüter zu erwerben.[22]

Die Duala profitierten von der zögerlichen Abschaffung des Haussklavenwesens und des internen Sklavenhandels durch die Kolonialregierung. Daneben waren sie in der Lage, freie Arbeiter anzuwerben. Die Arbeit auf ihren Farmen schien für die Arbeiter, die Geld für ihre Kopfsteuer oder andere Notwendigkeiten verdienen mussten, attraktiver zu sein als die Arbeit auf den als sehr hart bekannten deutschen Plantagen. Die Pflanzungen der Duala konnten sich bis in die 1930er Jahre halten. Erst mit den fallenden Weltmarktpreisen für Kakao waren sie nicht mehr in der Lage, genügend bezahlte Arbeitskräfte für den kommerziellen Anbau zu unterhalten. Daneben trugen strukturelle Änderungen zu ihrem Niedergang bei: Der Handel der Duala basierte immer auf der Kontrolle der Flüsse der Küstenregion, dem natürlichen Wegenetz für Handelswaren. Mit dem Ausbau der kolonialen Eisenbahnstrecken sowohl in der deutschen wie in der französischen Küstenregion konnten die Europäer immer großräumiger selbst den Handel mit dem Hinterland übernehmen, und die Kontrolle der Wasserstraßen verlor an Bedeutung.[23]

Der Kakao und die Folgen

Die Plantagenproduktion bezeichnete einen tief gehenden Wandel gegenüber den traditionellen Produktionsweisen Kameruns. Das eingeführte Agrarprodukt Kakao musste zur Vermarktung erst völlig neu kultiviert werden. Handel mit einheimischen Erzeugnissen wie Elfenbein, Kautschuk und Ölbaumfrüchten hatte es in traditioneller Pro-

19 Eckert, Andreas (2002): African rural entrepreneurs and labor in the Cameroon littoral. In: The Journal of African History, S. 109–127. Heft 2.2002. Cambridge University Press. S. 112.
20 Von Uslar, R.: (1898): Mit S.M.S. »Nixe« nach Kamerun. Stephan Geibel Verlag, Altenburg. S. 189.
21 Eckert, ebd., S. 113.
22 Eckert, ebd., S. 114.
23 Eckert, ebd., S. 118.

Die Ernte der Kakaobohnen, Kamerun. Koloniales Bildarchiv der Universität Frankfurt. Bild-Nr. 018-0202-04

duktionsweise schon früher gegeben. Der Kakao trägt das Zeichen aller reinen Exportprodukte: Im Anbauland wird er auch heute nur in verschwindend geringem Maße konsumiert. Fast die gesamte Produktion ist für den Export vorgesehen, was nicht nur eine völlige Abhängigkeit der Wirtschaft von Qualität und Menge der Ernten und von den Weltmarktpreisen mit sich bringt, sondern gleichzeitig durch die Bindung der Arbeitskräfte in den Plantagen auch eine Vernachlässigung der lebensnotwendigen Produktion zur Eigenversorgung des Landes. Produkte, die nicht mehr selbst erzeugt werden, müssen eingeführt werden; die Abhängigkeit wächst.

Monokultur und Plantagenwirtschaft wurden als Fremdwirtschaftsform von außen hereingetragen. Kamerun sollte Rohstoffe für den Weltmarkt produzieren und gleichzeitig Abnehmer für Industrieprodukte werden. Der zwangsweise Arbeitseinsatz in den Plantagen ebenso wie die massenhafte Rekrutierung von Einheimischen für Trägerdienste sowie für den Straßen- und Eisenbahnbau

zersetzten die sozio-ökonomischen Strukturen innerhalb der Bevölkerung. Es kam zu Massenwanderungen von Arbeitskräften, in deren Folge Gebiete entvölkert wurden und die zur Nahrungsversorgung notwendigen Anbauflächen brachlagen. Die Eingliederung der einheimischen Bevölkerung in die Kategorien von Nützlichkeit und Wirtschaftlichkeit stand ganz oben auf der Liste der von den europäischen »Kulturbringern« angestrebten Tugenden.

Der Erste Weltkrieg führte zur Enteignung der deutschen Plantagenbesitzer. Kamerun wurde in ein französisches und ein englisches Mandatsgebiet unterteilt. Bis 1935 wurden die meisten europäischen Pflanzungen aufgegeben.

Peter Rieß

Zur Produktionsgeschichte der Schokolade

Die Produktionsgeschichte der Schokolade von der einfachen Handfertigung zur industriellen Herstellung in Deutschland ist untrennbar mit der Entwicklung und dem Bau von Hilfs- und Transportmitteln, Verpackungstechnik, Werkzeugen und Maschinentechnik verbunden. Mit Zunahme des interkontinentalen Verkehrs wurden überseeische Erzeugnisse, die bisher als Luxusartikel galten, darunter auch der Kakao, ganz normale Handelsware. Damit war die Möglichkeit gegeben, dass Kakao und Schokolade als Genussmittel breiteren Bevölkerungskreisen zugänglich wurde.

Mit der industriellen Revolution des 19. Jahrhunderts waren die technischen, infrastrukturellen und rechtlichen Voraussetzungen für moderne Produktion in Deutschland entstanden. Mit dem Ende des Deutsch-Französischen Krieges (1871) und der Reichsgründung strömte Kapital nach aus Entschädigungs- und Reparationsleistungen ins Land und führte zu einer beispiellosen Welle von Unternehmensgründungen. Vorausschauende technische

Erfindungen und Weiterentwicklungen findiger Apparate- und Maschinenhersteller wie J. M. Lehmann und Heinrich Stollwerck, in der Schweiz Rudolf Lindt u.a., schufen Voraussetzungen für eine fabrikmäßige Schokoladeherstellung. Bereits zu diesem Zeitpunkt war die Maschinen- und Hilfstechnik für die einzelnen technologischen Prozesse so weit fortgeschritten, dass die noch junge Süßwaren- und Schokoladenindustrie eine gute Startposition hatte und den Vergleich mit ausländischen Firmen nicht zu scheuen brauchte.

Der historische Werdegang zur Schokoladeherstellung in Deutschland

Die Schokoladenindustrie vor 1900 und die Entwicklung der Produktionstechnik

Die Schokoladenindustrie trieb im 19. Jahrhundert die Entwicklung der Hilfs- und Spezialmaschinen für die Massenproduktion in rasantem Tempo voran. Es wurde konstruiert, erprobt, erste Muster wurden gebaut und anschließend in der Produktion eingesetzt, um der ausländischen Konkurrenz keine Chance auf dem Schokoladenmarkt zu lassen. Daran waren unter anderem Werkstätten und Firmen beteiligt wie: J. M. Lehmann (gegr. 1834), Stollwerck (gegr. 1872), Anton Reiche (gegr. 1870), Richard Gäbel (gegr. 1888).

In der Gründerzeit wurden allein in Dresden seit 1871/73 vierzig neue Aktiengesellschaften, darunter vier im Bereich Kakao-Schokolade, aktiv.

Die Qualitätskontrolle war dabei den Industriellen immer ein wichtiges Anliegen. Um diese Funktion für die Branche wahrnehmen zu können, wurde am 6. Januar 1877 unter Vorsitz von Otto Rüger in Dresden offiziell der Verband deutscher Schokoladefabrikanten gegründet. Der Verband sollte die Einhaltung bestimmter, vom Verband festgelegter Verarbeitungsrichtlinien durchsetzen. Damit wurde erstmals das »Reinheitsgebot der Schokolade« vorgegeben, um die Qualität und den Ruf der Schokoladehersteller zu sichern.

Notwendig wurde eine einheitliche Regelung, da viele Schokoladenhersteller aufgrund der hohen Zölle auf Rohkakao zu allen möglichen Ersatzstoffen griffen, wie z.B. Getreidemehle, Kartoffelstärke, Bohnen- und Erbsenmehle, ja selbst sogar Kreide, Ziegelsteinpulver und Gips(!). Für die Kakaobutter wurde Talg, Kokosnuss-, Oliven- und Mandelöl verwendet.

Bereits 1880 ist Dresdens Schokoladenindustrie mit ca. 30 % (ca. 550 t/Jahr) an der deutschen Gesamterzeugung von ca. 1700 t/Jahr beteiligt. Nach der Jahrhundertwende 1900 schritt der Konzentrationsprozess weiter voran.

Innovative Maschinentechnik am Beispiel der Firma »J. M. Lehmann«

Mit dem sukzessiven Wegfall der deutschen Binnenzölle (in Sachsen 1834) waren die Handelsschranken beseitigt. Ein günstiger Zeitpunkt zur Gründung der Maschinenbaufirma »J. M. Lehmann« 1834. Die Firma war damit schon zu Beginn der industriellen Produktion von Schokolade im Geschäft. Johann Martin Lehmann wurde 1802 als Sohn des Kupferschmiedes Johann Michael Lehmann geboren. Durch die Wanderschaft als Tischlergeselle und später in Arbeit als Modelltischler in einer Eisengießerei im Plauen'schen Grund galt sein besonderes Interesse der Maschinentechnik. Für die aufstrebende Schokoladen-, Farben- und auch Seifenindustrie konstruierte er komplette Neuentwicklungen in enger Abstimmung mit den Bedürfnissen der Auftraggeber.

Aufträge aus aller Welt, zahlreiche Auszeichnungen anläßlich von Weltwirtschaftsaustellungen und Internationalen Messen machten das Maschinenbauunternehmen »Lehmann« zu einem bedeutenden Großunternehmen in Deutschland.

Am 15. Februar 1869 starb Johann Martin Lehmann, sein Sohn Louis Bernhard Lehmann (1851–1920) übernahm den Betrieb und tüftelte unermüdlich an technischen Neuerungen, wie zum Beispiel an einem sog. Reformwalzwerk mit senkrechter Anordnung der Walzen. Um die Jahrhundertwende auf den Weltmarkt gebracht, konnte die Firma einen erheblichen Anstieg an Aufträgen aus dem In- und Ausland verzeichnen.

Im Jahr 1907 wurde L. B. Lehmann aufgrund seiner hervorragenden Leistungen zum Vorsitzenden des Verban-

die Firma »J. M. Lehmann« ins Handelsregister eintragen ließ. Am 10. März 1949 starb F.B. Lehmann, die Geschäftsanteile wurden an eine Schweizer Holding-Gesellschaft verkauft. Ernst Bayeler als Direktor und Max von Lütgendorff als sein Stellvertreter sorgten dafür, dass bald das Produktionsprogramm an Maschinentechnik wieder in vollem Umfang anlief, ehe die Konkurrenz den Markt unter sich aufteilen und beherrschen konnte.

Das ehemalige »Lehmann-Werk« in Heidenau begann nach der Gründung der DDR unter dem Namen »VEB Maschinenfabrik Heidenau« das gesamte Spektrum an Kakao- und Schokoladenmaschinen (einschl. Seifen- und Farbenmaschinen) zu produzieren. Der Inlandbedarf in der DDR wurde vorwiegend aus eigener Produktion abgedeckt. Gleichzeitig musste die UdSSR vorzugsweise mit sog. Reparationslieferungen bedient werden, der Anteil in das sog. »NSW« (nichtsoz. Wirtschaftsgebiet) nahm aber auch kontinuierlich zu.

Die »Mafa Heidenau« mit ihren Maschinen- und Anlagenangeboten für komplette Schokoladefabriken wurde zunehmend ein gefragter Partner im In- und Ausland. Im ehem. Bezirk Dresden wurde die Firma zum Schwerpunktbetrieb dieser Branche und 1990 ins Kombinat »NAGEMA« (Nahrungs-, Genußmittel-, Maschinen- und Anlagenbau) integriert.

J. M. Lehmann

des Sächsischer Industrieller berufen; diese Funktion behielt er bis 1918.

Krieg und Revolution führten zu einer vorübergehenden Einstellung der Produktion. Nach dem Tod Louis Bernhards Lehmanns 1920 übernahm Franz Bernhard Lehmann (*1877) den Betrieb, der bald mit neuen Verarbeitungsmaschinen auf den Markt kam. Der wirtschaftliche Erfolg war außerordentlich und selbst im Ausland entstanden zahlreiche Handelsvertretungen, so u.a. in Frankreich, USA, Italien.

Nach dem Zweiten Weltkrieg war durch den wirtschaftlichen Zusammenbruch und durch die schweren Zerstörungen der Unternehmen ein Neuanfang erschwert. Zusätzlich siedelte der Betrieb in die Westzonen um, wo Franz Bernhard Lehmann 1947 mit Sitz in Aalen/Württemberg zusammen mit seinen engsten Mitarbeitern

Technische Neuerungen, die die Firma Lehmann entwickeln konnte

Bereits 1840 entstand das erste Granitwalzwerk (mit eigenen Steinbrüchen in der Region), in dem durch das Rundlaufen im sog. Melangeur (Kollergang) ein Vermischen und Zerkleinern der Schokoladenrohstoffe stattfindet. Da diese Technik bahnbrechend für die Qualität war, wurde sie auch für die Farb- und Seifenindustrie angewandt.

▶

Werbeanzeige der Firma J. M. Lehmann für die Maschine No. 37, eine Bohnenreinigungs- und Auslesemaschine.

No. 37 Bohnenreinigungs- und Auslesemaschine.

Die Maschine arbeitet vollkommen staubfrei.
Alle Lager sind mit Ringschmierung versehen.

Diese Maschine arbeitet vollständig automatisch. Sie entfernt aus den Bohnen Steine, Strünke, Sackbänder, Holzstücke, Eisenteile, taube Bohnen usw., sodaß ein Auslesen dieser Beimischungen von Hand nicht erforderlich ist.

Dimensionen und Preis der Bohnenreinigungs- und Auslesemaschine.

No.	Raumbedarf			Gewicht		Feste und lose Riemenscheibe zus.			Kraft-bedarf	Preis		Ver-packung
	Länge	Breite	Höhe	Brutto	Netto	Durch-messer	Breite	Touren		der Maschine	der vier Leitriemen	
	mm	mm	mm	kg	kg	mm	mm		HP	Mk.	Mk.	Mk.
37	3600	1550	2250	950	860	250	160	250	1,5	1700	60	45

Elevator zur Speisung, je nach örtlichen Verhältnissen, exklusive.

Bald darauf folgten weitere Verbesserungen: Walzwerke mit Einsatz von Stahlwalzen für 3-5-6-9-er-Walzenmaschinen, mit jeweils drei übereinander angeordneten Stahlwalzen, die einen Feinreibeprozess (2-bis-3-mal hintereinander) ermöglichten, der eine erhebliche Qualitätsverbesserung in der Feinheit der Schokolade darstellte. Der Übergang von der Steinwalze zur Stahlwalze war ein Ergebnis mühevoller Forschungs- und Entwicklungsarbeit. Der poröse Stein mit seiner raschen Erhitzungsfähigkeit setzte der bisherigen Walzenmaschine Grenzen. Zuvor musste dem Kunden der Vorteil des Einsatzes von Stahlwalzen schmackhaft gemacht werden und mittels Aufklärung bzw. Probelieferung alle Zweifel beseitigt werden. Das Problem der durch den Anpressdruck (mit ca. 150–220kp/cm²) entstehenden Wärme und dem damit verbundenen Einfluss auf die Umdrehungsgeschwindigkeit der Walzen löste man nach einigen Versuchen durch Spezialschliffe; später erfolgreich mit Wasserkühlung im Innenraum der Walzen.

Ab Mitte der 20er-Jahre war mit der Erfindung der Röhrenwalze eine Verbesserung der einfachen Stahlwalze erreicht. Für die Walze wurde ein Stahlgußmantel von 14-20 mm gegossen, der hohe Umdrehungsgeschwindigkeiten, eine verbesserte Kühlungsmöglichkeit, eine gleichmäßigere Walzenoberfläche (dadurch gleichmäßige Qualität) und den Ausgleich von Abnutzungserscheinungen bis zu 4mm ermöglichte.

Um 1900 wurde das sog. Reformwalzwerk auf den Markt gebracht, das mit seinen senkrechten Walzen leicht bedienbar und platzsparend einsetzbar war.

Als 1910 die Ausweitung der Anlagen zugunsten einer Stahlwalzenproduktion notwendig wurde, stand dafür auf dem Dresdener Betriebsgelände nicht genug Platz zur Verfügung. Daraufhin investierte Lehmann in einen Werksneubau in Heidenau/Sachsen.

Schon 1850 entwickelte Lehmann die erste Kakaoent-
ölungs-Handpresse, wenige Jahre danach die hydrauli-
sche Presse mit Handpumpe. Das war der Beginn einer
stetigen Weiterentwicklung an Kakaoentölungspressen bis
zur heutigen vollautomatischen stehenden oder liegenden Presse.

1898 wurde die erste Längsreibemaschine als Vorläufer
der später in verschieden Varianten hergestellten Conchen gebaut, die eine noch bessere Feinheit und einen
besseren Geschmack der fein gewalzten und zerriebenen
Schokolade im Ergebnis hatte. Das Conchieren geschieht
durch intensives kneten. Dadurch wird der Schmelz ver-
bessert; unerwünschte Aromastoffe können entweichen.
Je nach Qualitätsstufe dauert ein solcher Prozess 16 bis
48 Stunden.

Bild- und Literatur-Quellen:
»Mein Feld die Welt ...« Fa. Lehmann
»100 Jahre Fa. Lehmann 1834–1934«
»Beiträge zur Geschichte der Süßwarenindustrie in Dresden«, Auto-
renkollektiv WIMAD e.V./2000
Sammlungsbestand WIMAD e.V.
»Das wahre Gold der Azteken«. Hans Imhoff, ECON, Düsseldorf 1988
»50-jähriges Bestehen« des Verbandes deutscher Schokoladenfabri-
kanten e.V.« 1876-1926 von Carl Greiert
»Osterhase, Nikolaus und Zeppelin« v. M. Bachmann/M. Tinhofer;
Husum 1998.

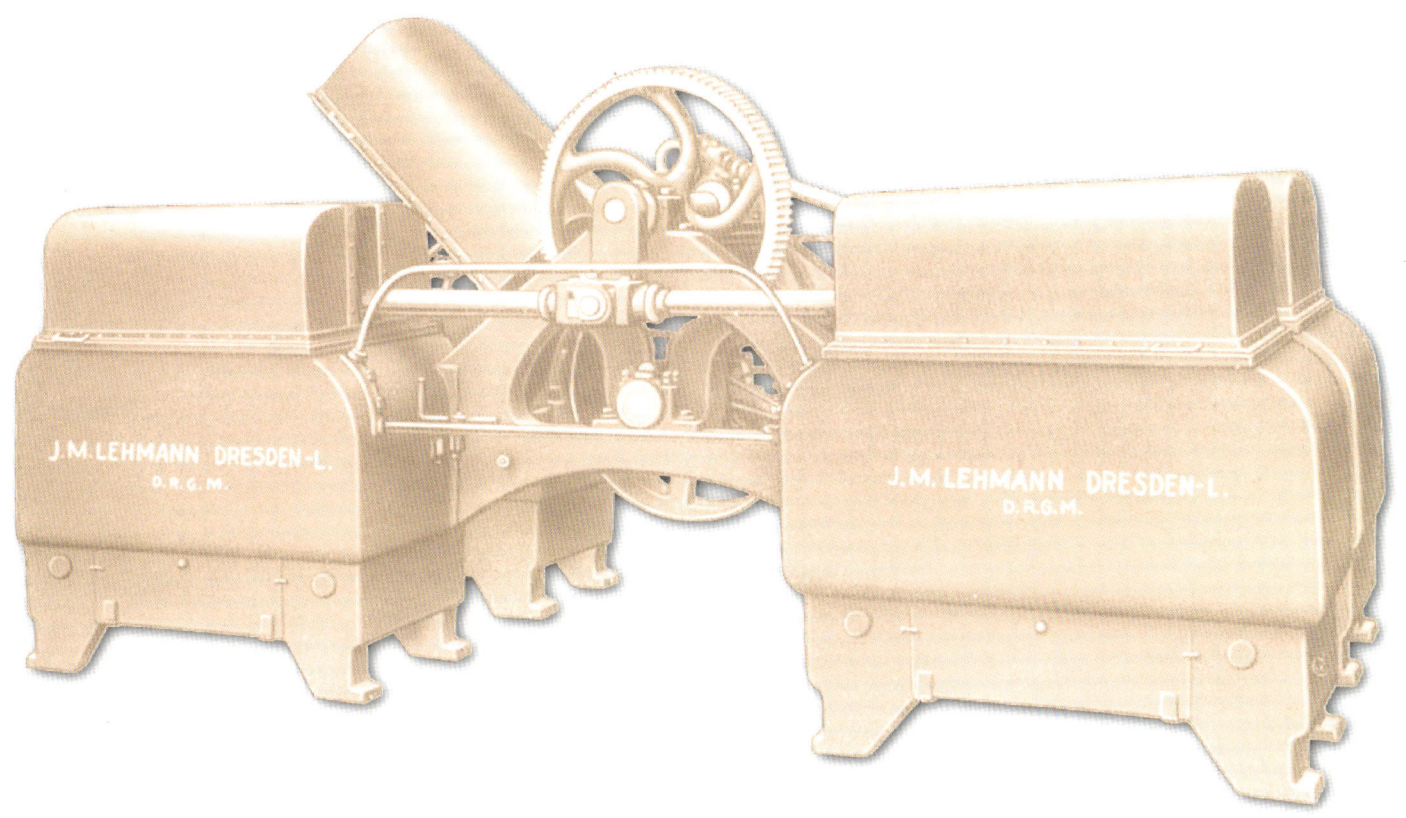

Eine Längsreibemaschine der Firma J. M. Lehmann, Dresden

Heidemarie Menge

Die Anfänge der Bremer

Schokoladenindustrie im 20. Jahrhundert

Der Auf- und Abstieg der Goldina

Abels Schokolade-Werke GmbH

Die deutsche Schokoladenindustrie lag im Aufwind im neuen Jahrhundert und die Zukunftsperspektiven waren verlockend. Der Kakaobohnenverbrauch hatte sich in den letzten zehn Jahren fast verdreifacht und mehr als 4 Millionen Reichsmark wurden für die Einfuhr der »guten« Schokolade aus Frankreich und aus der Schweiz ausgegeben.

So hatte der verdienstvolle Kaufmann Franz Schütte ein offenes Ohr, als im Januar 1909 ein Herr Franz Abels aus Krefeld bei ihm erschien und anfragte, ob nicht die Bremer gemeinsam mit ihm in das aussichtsreiche Geschäft einsteigen wollten. Ein Fachmann war Abels und Garantie gab er auch: »seine langjährige Praxis und universelle Erfahrung auf diesem Gebiet«.

Zum Stammkapital von 2 Millionen Reichsmark trugen 63 Gesellschafter bei, überwiegend aus Bremen, unter ihnen die Namen vieler bekannter Bremer Kaufmannsfamilien: Schütte, Melchers, Kulenkampff. Das Fabrikgrundstück lag in der Sebaldsbrücker Heerstr. 151 und bei Gründung der Gesellschaft am 12. Januar 1910 war der Rohbau schon ausgeführt.

Zwei Jahre gingen friedlich ins Land. Dann explodierte ein Skandal, der von der Reichspresse genüsslich aufgegriffen wurde. Was war geschehen? – Die Bremer Anfänger mussten ihr Lehrgeld bezahlen. Bevor sie die Produktion richtig aufgenommen hatten, stand die brandneue Fabrik

vor dem Konkurs. Die Majorität der Gesellschafter um Franz Schüttes Erben versuchte mit einem ausgeklügelten Sanierungskonzept das Schlimmste abzuwenden, das hieß Liquidation und Verkauf. Dagegen zog eine »Oppositionspartei«[1] unter der Führung von Franz Abels zu Felde. Betrug und Verleumdung warf man sich gegenseitig vor.

Als Laien der Schokoladen-Branche hatten die Bremer Kaufleute ihren Geschäftsführer gutgläubig schalten und walten lassen. Erst nach der Schmutzkampagne in den Zeitungen holten sie Gutachten ein. Nun standen sie da mit hohen Schulden, einer überdimensional angelegten Fabrik, einer Überkapazität an Personal und zahlreichen Filialen[2], die sie nicht einmal beliefern konnten. Grobe Unfähigkeit bis zu dubiosen Geschäften attestierten die Experten dem Schokoladen-Fachmann.

Und dann die öffentlichen Schmähungen! Anonyme Rundschreiben waren im Umlauf mit schwersten Beleidigungen! Die angerufenen Gerichte gaben den Bremern Recht. Ob Vater und Sohn Abels aber wirklich darauf aus waren, »Klamotten zu ziehen, das Unternehmen in den Dreck hinein(zu)reiten und dann eventuell das Ganze billig (zu) schnappen«[3], beurteilten sie nicht.

Am liebsten hätten sich die Kaufleute ja ganz aus dem ruinösen Schokoladengeschäft zurückgezogen, aber alle Versuche, einen potenten Käufer zu finden, waren gescheitert. Interessenten wie Ludwig Roselius hatten be-

---

1   Den Namen gab sich die Minorität selbst, 6 Gesellschafter gehörten ihr an.

2   66 Filialen und 274 Mitarbeiter werden im Geschäftsbericht von 1912 angeführt, inkl. der Filialen.

3   Angebliche Äußerung des Sohn Abels gegenüber Dritten; zitiert aus dem Geschäftsbericht von 1912.

Das Firmen-Emailleschild von Goldina.

dauert, denn »bei den Abels Werken herrschte eine derartige Unordnung und Schlamperei, dass trotz mehrtägiger intensiver Arbeit der nachprüfenden Personen ein Urteil über die wirklichen Verhältnisse und über den Stand der Geschäfte nicht zu gewinnen war«.[4]

Als Ausweg folgte man den Sanierungsvorschlägen einer Revisionskommission, die in der Fortführung des Betriebes in dieser Form zwar gar keinen Sinn, in der Schokoladenfabrikation an sich aber gute Chancen sah.[5]

Die Bremer Kaufleute gingen das Risiko noch einmal ein: im Juli 1912 gründeten sie die »Hanseatische Kakao- und Schokolade AG«, kauften ihre eigenen Abels Werke und blieben im Schokoladengeschäft.[6]

Das Sanierungskonzept sah vor, die Verkaufsfilialen von der Fabrik abzukoppeln, um den Vertrieb zu erweitern. So konnte man auch mit Grossisten und Detaillisten ins Geschäft kommen und nicht nur in eigenen Läden verkaufen. Die Filialen wurden deshalb in einer eigenständigen Vertriebs-GmbH zusammengefasst. Diese GmbH sollte in einer anderen Stadt ansässig sein und den größten Teil ihrer Waren von der Fabrik beziehen, daneben aber andere Marken führen, um die Unabhängigkeit der beiden Betriebe voneinander zu demonstrieren. Der Sitz der neuen Abels Schokolade GmbH wurde später von Bremen nach Berlin verlegt.[7] Sie existierte noch bis 1934.

---

4   Zitat aus einem Brief von Ludwig Roselius an seine Geschäftsfreunde bei den Abels Werken, 1912.

5   Begründung der Kommission: Schokolade ist ein hochwertiges Nahrungsmittel und unterliegt keinen Mode- oder Konjunkturschwankungen.

6   Die Abels Schokolade-Werke GmbH wurde zuerst saniert und die Gläubiger ausgezahlt. Bei der Neugründung der AG hatte jeder bisherige Gesellschafter eine Option auf Aktien.

7   Die Hanseatische Kakao- u. Schok. AG und die Vertriebs-GmbH wurden im Juli 1912 gegründet. Ihre Gründung war der Streitanlass. Im Juli hatte man noch Vertrauen zu Abels, daher der Name der GmbH. Er wurde nie geändert.

Der Hanseatischen Kakao- und Schokolade AG war nur eine sehr kurze Lebensdauer vergönnt. Eine Altonaer Firma erhob Einspruch gegen den Namen. Das war kein Problem: am 30. September 1912 hielten die Weserwerke ihren Einzug ins Bremer Wirtschaftsleben.

Weser Werke AG

Alte Besitzer, neue Regie: reorganisieren, mechanisieren[8], dann handeln - buten un binnen nach Alt-Bremer Art. Das war die Losung und das konnten die Bremer! Weit verbreitet – heiß begehrt! Der Markt lief wie heute. Die Groß- und Einzelhändler waren eingestiegen, per Post landeten die süßen Sachen von der Weser seit neuestem direkt auf den Ladentheken und auf den Esszimmertischen.

Nach knapp zwei Jahren liefen die Geschäfte »sehr zufriedenstellend« und 1914 stand die Fabrik bereit, ihren Anteil zur Versorgung der Bevölkerung beizutragen. Weiter ging's aufwärts! Schokolade macht satt und macht kräftig – das war bekannt. Emsige Käufer waren Proviant- und Lazarettverwaltungen und die Daheimgebliebenen, die ihren Lieben Päckchen an die Front schickten. Um den Nachschub an Rohstoffen brauchte sich die Fabrik vorerst keine Sorgen zu machen: Die Lager der Importeure waren gut gefüllt und der Krieg sollte spätestens Weihnachten siegreich beendet sein.

Die Realität veränderte den Blick und die Geschäfte. Kamen in den ersten Jahren noch Lieferungen über die neutralen Staaten ins Deutsche Reich, so versiegten diese Quellen 1916 restlos. Auch die Einrichtung einer Kriegs-Kakao-GmbH, die Kakaobohnen heranschaffen und nach einer Quote an die Fabriken verteilen sollte, konnte daran nichts ändern. Rohkakao gelangte nur noch im Schleichhandel nach Deutschland und manchmal konnten Säcke im Feindesland beschlagnahmt werden. Die Lage verschärfte sich, als im Dezember 1916 alle existierenden Vorräte für das Heer eingezogen wurden.

Kakaomühlen eignen sich zur Not als Getreidemühlen und andauernde Kriegsjahre sind Hungerjahre. Provisorien und Ersatzstoffe waren gefragt. Die Weser Werke schlossen sich anderen Schokoladenfabrikanten an und stellten sie her. Ob Rübenmarmelade oder Hafermehl, die Walzen walzten, die Mühlen mahlten. Es lohnte sich – für das Vaterland und überhaupt. Schokoladenmaschinen waren schon früher vielseitig verwendbar. Den Löwenanteil verdiente die Fabrik in der Zeit von 1916 bis 1918 mit einer geheimnisvollen »neuen Branche«, über die »Näheres aus naheliegenden Gründen nicht gesagt werden kann« und die »mit dem Eintritt des Waffenstillstandes natürlich stillgelegt werden musste«.[9]

Hunger und Heißhunger prägten die Nachkriegszeit. Ein Jahr noch darben, dann waren die göttlichen Bohnen wieder zu haben. Sehnsucht nach süßer Verwöhnung ließ die Schokoladenindustrie blühen und sprießen. Gedeihlich wachsen durften nicht viele. Von den zahlreichen kleinen und größeren Firmen, die in Bremen nach dem Krieg entstanden, gingen die meisten nach kurzer Zeit wieder ein.[10]

8 Einer der Vorwürfe gegen Abels war, dass ein Teil der von ihm eingeführten Maschinen unbrauchbar war, selbst erfunden oder unnütze Spezialkonstruktionen.

9 Zitate aus den Geschäftsberichten von 1916 bis 1919. Die Produktion von Ersatzstoffen wurde beschrieben, diese neue Branche nicht. Evtl. besteht ein Zusammenhang mit der Abänderung des Gesellschaftsvertrages 1917, dahingehend, dass Vorstand und Aufsichtsrat unbedingt ihren Wohnsitz in Bremen haben müssten und eine 9/10 – Mehrheit erforderlich sei für alle Beschlüsse, die einen Verlust der Selbständigkeit zugunsten ausländischer oder nicht bremischer Unternehmen zur Folge hätten.

10 Insgesamt sind unter Kakao- und Schokoladenfabriken 19 neue Betriebe verzeichnet. Das Adressbuch umfasst unter Schokoladenfabriken aber auch Handlungen. Nicht alle der neuen, kleinen Fabriken wurden sachgemäß geführt, manche Besitzer waren Privatleute und Branchenfremde.

Die Weser Werke florierten und ernteten schließlich die Früchte. Ihre Schokoladen waren so gut eingeführt und beliebt, dass sie »auch in flauen Zeiten, die allgemein Verluste mit sich brachten, flott beschäftigt waren«. Verheißungsvoll war schon der Name der Köstlichkeiten, »Goldina« ließ das Wasser im Munde zerlaufen.

»Praktische Gründe« läuteten daher 1922 wieder einmal eine Taufe ein.[11]

Goldina AG

Der Aufstieg war nicht zu bremsen. Stolz konnte man auf die eigene Leistung sein. Kaufmännisches Geschick hatte es geschafft, »dass wir heute über ein in allen Teilen vollkommenes Werk von höchster Leistungsfähigkeit in Menge wie in Güte der Erzeugnisse verfügen«.

Die Bilanzen der Goldina spiegeln die deutsche Zeitgeschichte. Die Geldschwemme, die nach dem Krieg und den hohen Reparationsforderungen schließlich im monetären Zusammenbruch gipfelte, ist an den immens hohen Gewinnen der AG abzulesen. Fortlaufend muss das Kapital erhöht werden, um flüssige Betriebsmittel zu erhalten. Neue Aktien werden gern von Banken übernommen, denn eine Beteiligung an der Goldina schien ein gutes Geschäft zu sein.

So hart die Zeiten, so bitter die Not, Schokolade blieb ein begehrter Artikel. Als durch die galoppierende Inflation die Kaufkraft der Bevölkerung mehr und mehr schwindet, umwirbt der Verband der deutschen Schokoladenfabrikanten die hungernden Menschen. Die winzige Kakaobohne ist ein »Phänomen«, ein »Universal-Nahrungsmittel« gar, auf kleinstem Raum ist eine Fülle der wertvollsten Nährstoffe in diesem Wunder der Natur zusammengedrängt! Mehr Kalorien als in Rindfleisch, Eiern oder Roggenbrot ist in einer Tafel Schokolade zu finden. Die ins Uferlose kletternden Preise? Mit Butter nicht zu vergleichen![12]

1923 lässt die Umwandlung des wertlosen Papiergeldes in die stabile Goldmark die Gewinne der Goldina auf lesbare Zahlen zurückfallen. 1924 gewährt der Dawes-Plan dem geschwächten Reich einen Aufschub für die Zahlung der Reparationen. Die deutsche Wirtschaft atmet auf und startet durch. Ausländische Kredite kurbeln sie an. Goldene 20er-Jahre beginnen: bei der Goldina müssen Nachtschichten eingelegt werden.

Die scheinbar blühende Wirtschaft sendet Warnsignale aus, von der Goldina deutlich vernommen. Der Boom hat eine Überproduktion ausgelöst, die Kaufkraft der Bevölkerung ist nicht mitgewachsen. Der Wettbewerb in der Schokoladenindustrie wird erdrückend. Die Zahl der produzierenden Betriebe ist in Deutschland seit 1914 bis 1925 von 180 auf 350 gestiegen und außerdem haben sich die alten Unternehmen, wie die Goldina auch, erheblich vergrößert.[13] In Bremen selbst hat sich ein ernst zu nehmender Konkurrent angesiedelt, Wilhelm Felsche mit seiner Hanseaten AG. Wachsende Betriebs- und Vertriebsunkosten verstärken den Druck, die Goldina stöhnt über den sprunghaften Anstieg der Rohkakaopreise.[14] Noch glaubt die Firma, den Schwierigkeiten mit ihren bewährten unternehmerischen Mitteln begegnen zu können, Rationalisierung und Erweiterung des Vertriebs: »Der durch die bestehende Überproduktion außerordentlich schwierige Konkurrenzkampf läßt es dringend wünschenswert erscheinen, die in Angriff genommene weitgehende Mechanisierung der Fabrik energisch zu fördern, sowie Mittel für Propagandazwecke bereitzustellen …«

11 Im Briefwechsel L. Roselius mit den Abels Schokoladen Werken ist schon 1912-14 vorgeschlagen, den Firmennamen später wieder zu ändern, damit die Fabrik dann den Direktverkauf wieder übernehmen könnte. Der Name Weser Werke blieb aus Gründen des Namensschutzes erhalten.

12 Vgl. Chronik des Vereins der am Rohkakaohandel beteiligten Firmen e.V., 1986.

13 Vgl. Chronik des Vereins der am Rohkakaohandel beteiligten Firmen e.V., 1986

14 1926 verteuerte sich Rohkakao um 70 %, Zucker um 30 %, s. Geschäftsberichte Goldina und Stollwerck, 1927.

Schokoladenherstellung im 18. Jahrhundert. Nach einem Stich, Wien, 1775

Der schwarze Freitag an der New Yorker Börse am 25. Oktober 1929 wirkt sich verheerend auf die deutsche Wirtschaft aus. Zu sehr hing man von den ausländischen Geldern ab, die nun plötzlich zurückgefordert wurden. Die Banken verkaufen ihre Wertpapiere und die Aktien stürzen in den Keller. Mit ihnen stürzt die Goldina, die sich seit Beginn der 20er Jahre das nötige Betriebskapital durch die Ausgabe immer neuer Aktien verschafft hatte. Die Notverordnungen der Regierung belasten die Unternehmen, sie schüren die Arbeitslosigkeit und ein Teufelskreis drosselt die Nachfrage. Zahllose Stilllegungen und Konkurse treffen die Schokoladenbranche.

Zwei Jahre lang kämpft die Goldina um die verbleibenden Kunden. 1931, auf dem Höhepunkt der Krise in Deutschland – ihr Verlust ist auf das Zehnfache gestiegen – sieht die Gesellschaft ein, dass sie nicht zu den Riesen der Branche gehört, und verkauft die Mehrheit ihrer Aktien an den Stollwerck-Konzern. Mit der Goldina gehen die Rechte auf die Weser Werke und die Abels Schokoladen GmbH.[15]

Gebr. Stollwerck AG

Der Stollwerck-Konzern, 1931 seit drei Generationen im Familienbesitz, galt nicht nur als das führende deutsche Unternehmen, seit der Jahrhundertwende zählte er weltweit zu den Giganten der Branche.

1903 besaß Stollwerck Fabriken in Köln, Berlin und Preßburg (Bratislava), acht Zweigstellen in deutschen und europäischen Städten, eine Filiale in New York, beschäftigte 2000 Leute, hatte einen Maschinenpark von »1650 Pferdekraft« und war mit 27 Hofdiplomen ausgezeichnet. Bis

---

15 Bilanzen der Goldina: 1928: + 149 271,92 RM; 1929: - 99 056,99 RM; 1931: - 1 044 364,54 RM. Welche Größe die Goldina tatsächlich hatte, ist aus dem vorliegenden Material nicht ersichtlich. Als Abels Schokoladewerke hatte sie 274 Mitarbeiter im Jahr 1911, in den 20er Jahren ist der Betrieb aber ständig vergrößert worden. Nach der Sanierung (Zusammenlegung des Stammkapitals 3 : : 1) und dem Verkauf an Stollwerck betrug der Buchungswert dort 1 Million Reichsmark, s. Geschäftsberichte Stollwerck. Evtl. Rückschlüsse lassen sich auch aus dem Warenangebot ziehen: Gemessen an der Produktpalette der Leipziger Firma Felsche stellte die Goldina beträchtlich weniger Schokoladensorten her.

1906 errichteten sie neue Fabriken in London und New York, später in Wien und Budapest und hatten einen Mitarbeiterstab von 6000 Personen. Die Bremer Niederlassung war die einzige Verkaufsfiliale im norddeutschen Raum.

Die Folgen des Ersten Weltkriegs verringerten den Umfang des Unternehmens durch den Verlust der Tochterfirmen in England und den USA, konnten es aber nicht vom Gipfel der deutschen Schokoladenlandschaft vertreiben. Stollwerck steht so weit oben, dass sich die Gebrüder vor dem Hintergrund der Weltwirtschaftskrise 1929 ein riskantes Geschäft erlauben: »Mit Wirkung vom 1. Juli des Jahres haben wir die Geschäftsbetriebe des Reichardt Konzerns übernommen. … Wir erhoffen eine Umsatzsteigerung von etwa 50 %. … Im Zusammenhang mit dieser Transaktion sind wir zu der Goldina AG, Bremen-Sebaldsbrück, in enge Beziehung getreten, doch wird die selbständige Geschäftsführung dieses Unternehmens nicht berührt. Köln, 1. Dezember 1930.« Ein Jahr später wird sie berührt.[16]

Die Transaktionen mit den angeschlagenen Betrieben auf dem Höhepunkt der Weltwirtschaftskrise in Deutschland bringen den Riesen ernsthaft zum Schwanken. Nie zuvor hat Stollwerck rote Zahlen geschrieben. Der Geschäftsbericht von 1930/31 weist einen Verlust von 3,396 Millionen RM aus, selbst für die Gebrüder Stollwerck zu viel. Eine Sanierung ist nur mit Hilfe der Deutschen Bank möglich. Die Neuordnung wandelt den Charakter des Unternehmens. Die Familie Stollwerck nimmt ihren Abschied aus der Geschäftsführung und die Aktien werden gestreut. In den 30er Jahren erholte sich der Konzern wieder. Allerdings konnten bis zum Ausbruch des Zweiten Weltkrieges die Leistungen der früheren Jahrzehnte nicht wieder erreicht werden. Die norddeutschen Töchter, die Bremer Goldina AG und das Hamburger Reichardtwerk, mauserten sich im Verbund unter der Stollwerck'schen Oberleitung zu einer recht produktiven Kakaofabrik. Die alleinige Fabrikationsstätte der Reichardt-Kakaomarken wurde Bremen. Die Goldina stellte die Anlagen und das Gelände im Rahmen eines Pachtvertrages, immerhin ein Grundstück von 40 000 Quadratmetern Grundfläche. Ihre Tätigkeit beschränkte sich auf die reine Grundstücks- und Werksverwaltung. Reichardt oblag die Betriebsführung und Produktion. Den Vertrieb der Erzeugnisse übernahmen zwei Vertriebs-GmbHs, das Hamburger Reichardtwerk und die Goldina-Hauswaldt-Gaedke GmbH, Berlin.[17]

Für den großen Konzern blieben die beiden Töchter Rekonvaleszenten, nicht leistungsstark genug. Die Kapazität der Goldina war mit bloßer Kakaopulverherstellung bei weitem nicht ausgeschöpft, der größte Teil der Anlagen lag seit Jahren still und verursachte nur Kosten. Viel rentabler war es, die Herstellung des Reichardt-Kakaos nach Köln zu verlegen und die Fabrik der Goldina mit Schokoladenproduktion besser auszulasten. Der Pachtvertrag endete im Dezember 1936. Also entschied man in Köln:

»Auch diese Gesellschaft beabsichtigen wir im Wege der erleichterten Umwandlung vor dem 1. Januar 1938 aufzulösen und das Vermögen auf uns als Hauptgesellschafterin zu übertragen« … »zur Vereinfachung der Besitzverhältnisse und zur Entschachtelung des Konzerns.«[18]

Am 12.12.1937 verkündete das Amtsgericht: »Die Firma Goldina AG ist erloschen.«

Der Zweite Weltkrieg durchkreuzte weitere Pläne. Reichardt-Kakao wurde noch bis 1940 in Bremen hergestellt. Nach dem Krieg produzierte Stollwerck bis Anfang der 60er Jahre Schokolade im alten Betrieb der Goldina in Sebaldsbrück.

---

16 Formal existierte die Goldina weiter. Sie war von allen laufenden Betriebsausgaben und Lasten befreit. Stollwerck besaß 90 % der Aktien, die freien Aktionäre der Goldina wurden jährlich mit einer % Stollwerck-Dividende am Gewinn beteiligt.

17 Stollwerck hatte das Reichardtwerk unter Ausschluss der Anlagenwerte übernommen. Sie brauchtes die Goldina-Anlagen für die Produktion. Beide Vertriebsgesellschaften waren einer stollwerckeigenen Dachgesellschaft unterstellt: der Joh. Gottlieb-Hauswaldt GmbH in Berlin, zu der noch weitere Vertriebsfirmen gehörten, so seit 1930 auch die Bremer Firma Abels Schokolade GmbH.

18 Die Betriebsübertragung war der erste Schritt in einer geplanten Umstrukturierung. Verschiedene Pläne standen für die Goldina zur Diskussion, u.a. auch eine Weiterführung als Goldina AG. Die vorgenommene »erleichterte Umwandlung« hatte gegenüber einer Liquidation oder einem Verkauf an Dritte steuerliche Vorteile. 1967 gründete Stollwerck eine neue Goldina AG zur Herstellung und zum Vertrieb von Schokolade.

Wilhelm Felsche und die Hanseatenwerke

Seine Wiege stand in Sachsen, doch im 20. Jahrhundert eng mit Bremen verknüpft ist die Geschichte eines traditionsreichen Familienunternehmens der ersten Stunde. 1821 eröffnete der Kramer und Konditor Wilhelm Felsche in geschichtsträchtiger Umgebung, in »den Kolonnaden des Fürstenhauses an der Grimmaischen Gasse zu Leipzig … mit Gottes Hülfe …« seine erste »Conditorey-Waaren-Handlung« mit eigener Schokoladenfabrikation. Inspiriert von seinen Pariser Lehrjahren und getreu seinem Wahlspruch »Wer nicht strebt, der nicht lebt!« konnte er seinem Besitz 1835 ein eigenes Café français hinzufügen, das in kurzer Zeit die alteingesessenen Leipziger Kaffeehäuser an Eleganz und Pracht der Ausstattung überflügelte.

Ursprünglich nur für den Verbrauch in der hauseigenen Konditorei bestimmt, trugen mit der Zeit die fremden Besucher der Leipziger Messen die Kunde von den köstlichen Schokoladen über die Stadtgrenze hinaus. Anfang der 1840er Jahre zollte Wilhelm Felsche der wachsenden Nachfrage Tribut und stellte seine erste Schokoladenmaschine auf, eine Kakaomühle, die mit einem Göpelwerk angetrieben wurde. Rund zehn Jahre später folgte die erste Dampfmaschine. Im Zuge der Industrialisierung wurde die neu entstandene Fabrik technisch und baulich stetig erweitert und auf dem neuesten Stand gehalten. Anfänglich ein kleiner Betrieb mit 15-20 Beschäftigten, zählte die Belegschaft bis 1905 schon 400 Köpfe. »Reisende«, Firmenvertreter, trugen seit den 80er Jahren die Schokoladen ins ganze Land hinaus. Eine ständige Vertretung gab es in den großen Städten Berlin, Hamburg, Danzig, Königsberg und Kopenhagen. Hatte sich die deutsche Bürgerschaft bisher eher an schweizerischen und französischen Produkten gelabt, so hieß es bald, dass die Schokoladen der Firma Felsche »an Wohlgeschmack den besten ausländischen Fabrikaten gleich kamen, an Reinheit und Gediegenheit der verwendeten Rohstoffe alle übertrafen«.[19]

Rückschläge im ersten Weltkrieg konnten bald überwunden werden. Mit der ersten Lieferung von Rohkakao eilte das Unternehmen zu seiner eigentlichen Bestimmung zurück und konnte im August 1921 auf einer rauschenden Feier im Leipziger Zoo Glückwünsche und Huldigungen zu seinem hundertjährigen Bestehen entgegennehmen.

Die 20er und 30er Jahre sahen das Haus Felsche wieder in voller Blüte stehen. In der Saison zu Ostern und zu Weihnachten arbeiteten hier 1200 bis 1400 Leute, Reisende wurden bis nach Amerika geschickt[20] und eine Expansion in den norddeutschen Raum unternommen. Hier, in Bremen, errichtete das Familienunternehmen Wilhelm Felsche seine einzige Tochterfabrik, die Hanseaten Werke AG.

Der Zweite Weltkrieg erst leitete den Niedergang des alten Hauses ein. Noch in dieser Zeit hatte es sich neuen Ruhm erworben, mit der Herstellung der als »Fliegerscho-

Cacaomühle zu Reudnitz von W. Felsche in Leipzig.

Cacaomühle zu Reudnitz von W. Felsche in Leipzig.

Königs-Chocol. à Pf. 30 Ngr.
superf. Vanille-Choc. à 25 Ngr.
ff. Salon-Chocol. des Café franç. à 20 Ngr.
f. Vanille-Ch. à 15 Ngr.
ff. Gewürz-Ch. à 10 Ngr.
Familien-Chl. in Pulverform (ganz rein, ohne Zusatz) à 8 Ngr.

Gesundheits-Ch. aus PortoCabello-Cacao, ohne Gewürz à Pf. 20 Ngr.
ff Gesundh.-Chl. v. Guhjaquil-Cac. à 15 Ngr.
Cacao-Masse extraf. v. Caracas à 20 Ngr.
Cacao-Masse v. Trinidad-Cacau à 15 Ngr.
In ganzen und Viertelpfunden à 32 L.th.

Durch Aufstellung der zweckmässigsten Maschinen neuester Construction (eine derselben Preis-Maschine der Londoner Ausstellung) bin ich im Stande, alle Aufträge in Quantität und Qualität auf das Prompteste auszuführen, indem zur Bereitung der Chocoladen nur die besten Materialien verwendet werden. Zur geneigten Beachtung empfiehlt sich

Wilhelm Felsche.

19 Information der Familie; Zitat s. Leipziger Illustrirte Zeitung, 14. März 1907

20 bis 22: Informationen der Familie

Fabrikgebäude der Hanseaten Werke

kolade« bekannt gewordenen Schoka-Kola – Muntermacher und Energiespender für den Kampfeinsatz.[21]

Nach Kriegsende, in der sowjetischen Besatzungszone gelegen, drohten dem Unternehmen in Leipzig Enteignung und Verstaatlichung. Vorwände und Verdächtigungen trieben die Familie 1949 auf eine abenteuerliche Flucht, aus nahe liegenden Gründen nach Bremen. Hier teilte man den Familienbesitz als Erbe früh in zwei unabhängige Betriebe, das Hanseaten Werk und den noch nicht ganz verloren geglaubten Besitz in Leipzig. Das bedeutete einen Neubeginn.

Bereits 1950 schloss sich Dr. Hellmuth Jäger, der letzte Felsche-Inhaber, mit den Gebr. Westhoff und Ernst Theilen und seinen Lesmona Werken in Bremen-Burg zur Bremer Cacao Compagnie zusammen.

In Westdeutschland wurden geflüchtete ostdeutsche Schokoladenfabrikanten beim Neuaufbau einer Fabrik unterstützt. Rohkakao, der ab 1949 nur begrenzt eingeführt werden konnte, wurde nach einer Quote an alle Fabrikanten verteilt. In der Bizone war die Quote für die ostdeutschen Fabrikanten höher als im restlichen Land. Diejenigen, die noch nicht wieder eine eigene Fabrik hatten, konnten ihren Anteil an intakte Fabriken verkaufen oder dort produzieren lassen. 1952, in dem Jahr, als das Leipziger Werk enteignet wurde, zog die Firma Felsche in die Westerholzstraße 208 nach Hemelingen.

Es war nur ein kleiner Betrieb, nur etwa 100 Leute fanden hier Arbeit, aber das Unternehmen erlebte in Bremen noch einmal eine kurze Blütezeit.[22] Die Schokoladen waren wie damals von erlesener Qualität – 24 Stunden lang conchiert – , die Pralinen handgefertigt. Nur ausgesuchte Geschäfte wurden beliefert. Selbst die Verpackungen waren ein Gedicht – schlicht und stilvoll, so wie in früherer Zeit. Doch der Glanz der Leipziger Tage kehrte nicht wieder.

Zu Beginn der 60er Jahre geriet die deutsche Schokoladenindustrie in eine schwere Krise. Viele kleinere Betriebe mit edlen Produkten konnten die Aufhebung der Preisbindung für Schokolade 1964 nicht verkraften. In der fünften Generation fand sich in der Familie Felsche kein Nachfolger. 1967 wurde die Firma in Bremen liquidiert.

Hanseaten Werke AG

Wilhelm Felsches Hanseaten Werke in Bremen fungierten als eigenständiger Betrieb unter der Leitung eines Schwiegersohnes.

Sie spezialisierten sich auf die Herstellung von Kuvertüren, einer Überzugsschokolade für Backwaren, die ihren Abnehmerkreis in Bäckereien, Konditoreien und Konfitürenfabriken im ganzen Reich fand. Wie im Mutterhaus in Leipzig waren die Tafelschokoladen und Pralinen von hoher Qualität. »Patricia«, eine herbe »Herrenschokolade«, sollte die edelste sein.[23]

Auch ihre geschäftliche Entwicklung gibt einen Widerhall der Zeitgeschichte, vom vermeintlichen wirtschaftlichen Aufschwung in der goldenen Zeit bis zur Depression und zum endgültigen Versagen des Zahlungsverkehrs an den Bankfeiertagen 1931, das zu einem fast völligen »Stocken des Geschäftes« und zu Verlusten führte. Zum Glück konnte die Firma in den schlimmsten Zeiten auf eine »Stärkung der flüssigen Mittel« aus Leipzig zurückgreifen.

Das Blatt wendete sich mit den politischen Neuordnungen. Ein neu eingesetzter Reichspreiskommissar stoppte den Preis- und Lohnverfall und ganz allmählich stieg der Lebensstandard. Die Leute konnten sich die Lust auf Süßes wieder erfüllen und die Geschäfte erholten sich.

Ungehemmt prosperieren auf dem Dialog von Angebot und Nachfrage konnte die

Schokoladenindustrie allerdings nicht. Auch sie war nationalsozialistischen Regeln unterstellt. Eine neu geschaffene »Wirtschaftliche Vereinigung der Deutschen Süßwarenindustrie«, die den alten Verband der deutschen Schokoladenfabrikanten ablöste, erteilte ab 1935 Richtlinien zur Herstellung von Pflichtmengen an Schokoladenerzeugnissen für das Reich und lenkte die Rohstoff-Kontingente. Im Geschäftsbericht von 1937 klagt Hanseaten-Vorstand Otto-Christian Schmidt, dass trotz gestiegener Nachfrage eine ausreichende Belieferung der Stammkunden leider nicht mehr möglich sei.

Ab 1939/40 war Schokolade für den zivilen Verbraucher gar nicht mehr zu haben, lediglich Trinkschokolade war noch erlaubt. Schokolade wurde allein für das Militär hergestellt und wie im Ersten Weltkrieg wurden auch im Zweiten Kakaomühlen für »ernährungswirtschaftliche Aufgaben« zweckentfremdet. Dank der »vorausschauenden Planung der Vereinigung der Deutschen Süßwarenindustrie« lief die Erfüllung ihrer Pflichten »reibungslos« und brachte den Hanseaten Werken »Vollbeschäftigung und ein konstantes Produktionsvolumen« bis 1943, als jegliche Fabrikation eingestellt werden musste.

Nach der Zwangspause im Zweiten Weltkrieg fieberten die Schokoladenfabrikanten dem Wiedereinstieg in die Produktion entgegen, denn der Nachholbedarf der Menschen nach dem langen Verzicht war groß.

Zucker wurde in der Bizone bald wieder zugeteilt und Fondantstangen aus reinem Zucker mussten die ersten Gelüste erfüllen, da alle Bemühungen, die Einfuhr von Rohkakao wieder in Gang zu bringen, bis Juni 1949 scheiterten. Mit der ersten Lieferung stiegen die Hanseaten Werke mit Volldampf wieder in die Fabrikation ein. Das Programm war begrenzt auf Tafelschokoladen, Kakaopulver, einfache Pralinen. Die Rohstoffe für die edleren Mischungen ließen noch etwas länger auf sich warten.

Obwohl es nun wieder aufwärts ging, sah das Unternehmen seiner Zukunft nicht sehr optimistisch entgegen. Importe von Schokoladen aus anderen westlichen Ländern kündigten bereits jetzt einen Konkurrenzkampf von noch nie da gewesener Härte an. Dazu etablierten sich in Bremen neue Betriebe aus dem deutschen Osten, die den Wettbewerb noch beschleunigen würden, darunter Verwandte – die alte Mutterfirma Felsche mit ihren renommierten Produkten.

Erfolg in Zukunft war nur noch mit edlen Markenwaren zu erzielen – doch zu tragbaren Preisen.

Qualität aber fordert ihren eigenen Preis. Schon 1950, nachdem ein enormer Anstieg der Weltmarktpreise Rohkakao erheblich verteuert hatte, müssen die Hanseaten Werke eingestehen, dass »Konsum-Firmen Tafelschokoladen auf den Markt brachten, zu welchen wir … zu liefern nicht in der Lage waren«.

Noch viele Jahre hält die Firma durch. Die Bremer leben, was Schokolade betrifft, in einem Schlaraffenland, gleich mehrere Familienbetriebe produzieren Schokoladewaren von hoher Qualität.

Zu Beginn der 60er Jahre drängt die britische Weltfirma Cadbury auf den deutschen Markt und will mit ihren Schokoriegeln das Land noch einmal erobern. Als 1964 auch noch der Schutz durch die Preisbindung entfällt, sieht das Hanseaten Schokoladen Werk wie seine Schwesterfirma keine Chancen mehr und verkauft im selben Jahr an Cadbury.[24]

Pralinenschachtel der Hanseaten Werke

23 und 24: Informationen der Familie. Nach der Erbaufteilung wurde der Name in Hanseaten Schokoladenwerke geändert. Cadbury produzierte bis 1967 in Bremen.

Hartmut Roder

Bremer Schokolade
zu Beginn des 21. Jahrhunderts

In Bremen war im Verlaufe der vergangenen 200 Jahre eine ganze Reihe von Kakao verarbeitenden und Schokolade herstellenden Unternehmen beheimatet. Bremen war allerdings – trotz der 1673 gegründeten ersten Kaffeestube in Deutschland mit Ausschank von Schokolade – niemals ein Haupteinfuhrort für Rohkakao oder dessen Weiterverarbeitung. Gab es nach 1988, als Bremen offiziell von der »London Commodity Exchange« zum Kakao Tender Port ernannt worden war, auch einen gewaltigen Aufschwung in der Einfuhr und Lagerhaltung von Rohkakao, so hatte dieser in der zweiten Hälfte der 90er Jahre des letzten Jahrhunderts keinen Bestand.

Nach der Übernahme von Jacobs Suchard durch Philip Morris 1990 wandelte sich nämlich die Versorgung der eigenen Schokoladefabriken mit Rohkakao, so dass die Einlagerung der hoch empfindlichen Kakaobohnen im extra dafür hergerichteten Schuppen 18 im Bremer Überseehafen genauso an Bedeutung verlor wie die im Nachtsprung und im »just in time«-Verfahren durchgeführte Belieferung des Suchard-Werkes in Lörrach durch spezielle lebensmittelgerechte Silo-Bahnwaggons von Bremen aus.

Nach dem Umschlag von 100.000 t Rohkakao in den bremischen Häfen 1990 erreichten 1999 lediglich 8000 t die Hansestadt. Von den vielen aus Bremen stammenden Schokoladenmarken haben zu Beginn des dritten Jahrtausends lediglich zwei Unternehmen und ein kleiner Familienbetrieb weiterhin hier ihre Heimat, nämlich die 1890 gegründete Bremer Chocolade-Fabrik Hachez und die bereits 1826 als Chocolat Suchard und die 1899 als Chocolat Tobler entstandenen Schweizer Schokoladefabriken, die heute unter dem Unternehmensdach der Kraft Foods-Gruppe in Bremen ihren Deutschlandsitz haben.

Beide Schokoladenartikelhersteller haben jedoch nicht nur eine ganz verschiedene Produktions- und Unternehmensgeschichte und operieren in völlig verschiedenen Größenordnungen – der eine als mittelständisches Unternehmen und der andere als Teil eines der größten Nahrungs- und Genussmittelkonzerne der Welt –, sondern sie bedienen auch komplett unterschiedliche Segmente des Schokoladenmarktes. Während Kraft Foods mit seinen Marken »Milka«, »Toblerone«, »Daim« und »Marabou« auf dem Schokoladenmarkt eine Spitzenposition einnimmt, bewegt sich die Bremer Chocolade-Fabrik Hachez mit ihren beiden Marken »Hachez« und »Feodora« im hochpreislichen Premiummarkt.

Als dritter bremischer Produzent behauptet sich ganz im Schatten dieser überregionalen Fabriken seit 1925 die Familie Mayer mit der Herstellung eines ganz besonderen Schokoladenprodukts: früher »Negerkuß« oder »Mohrenkopf« genannt, heißt heute das Mayer'sche Hauptprodukt »Schokokuß« oder »Mayer Junior«.

Die Bremer Chocolade-Fabrik Hachez (gegr. 1890)

Aufbruch auf dem Bremer Schokoladenmarkt

Nachdem bereits Anfang des 19. Jahrhunderts von »vielen Schokoladenfabriken« in Bremen die Rede war, die zumeist jedoch wohl aus kleinen handwerklichen Betrieben bestanden haben, konkurrierten auch kurz nach dem Zollanschluss Bremens an das Deutsche Reich 1888 und im Jahre der großen »Nordwestdeutschen Industrie- und Gewerbeausstellung« 1890 ca. elf Schokolade herstellende Unternehmen, wie u.a. Van Houten, Hansa-Chocolade, Stollwerck und Chocolat-Menier, auf dem Bremer Schokoladenmarkt. In dieses Jahr des wirtschaftlichen Aufbruchs fällt die Gründung der Bremer Chokolade-Fabrik Hachez & Co am 1. Juli 1890.

Der Firmengründer Joseph Emil Hachez und sein Partner Gustav Linde stellten ihr Unternehmen trotz der Konkurrenz aus dem deutschen Reichsgebiet selbstbewusst der Öffentlichkeit vor: »Langjährige Erfahrung und technische Hilfskräfte setzen uns in den Stand, die Concurrenz mit jedwedem auswärtigen Fabrikate aufzunehmen«[1] Dass die jungen Schokolade-Entrepreneurs nicht übertrieben hatten, machte ihr bisheriger Werdegang deutlich. Gustav Linde hatte ein »Agentur und Commissionsgeschäft« be-

trieben, das ihn mit dem Handel von Kolonialwaren – also auch Kakao – vertraut gemacht und das ihm die Vertretung von Zuckerraffinerien für den Inlandshandel eingetragen hatte.

Der 1862 geborene Joseph Emil Hachez entstammte einer aus mehreren Zweigen bestehenden bremischen Kaufmannsfamilie, die vermutlich um 1771 nach Bremen gekommen war und bereits in vierter Generation dort lebte. Dem ersten Hachez, dem 1758 geborenen Joseph Johann, blieb, wie seinen Nachfolgern, als Zuwanderer katholischen Glaubens das Bürgerrecht mit Handlungsfreiheit und das Recht auf Immobilienerwerb versagt. Dennoch verließen die nachfolgenden Generationen die Handelsstadt an der Weser nicht mehr, sondern wurden sesshaft und gründeten verschiedene Handelsunternehmen bzw. waren an anderen Firmen beteiligt. Somit konnte der 26-jährige Joseph Emil Hachez auf ein breites familiäres Netz von Kontakten und Informationen zurückgreifen, als er 1889 von seinen Lehr- und Wanderjahren aus Antwerpen, wo er die Kunst der Schokoladenherstellung erlernt hatte, wieder nach Bremen. Wahrscheinlich

1   Zit. nach Konrad Elmshäuser und Hermann Sandkühler, Hachez in Bremen – Schiffe und Schokolade, in: Bremisches Jahrbuch (2000), S. 229.

Der Bremer Roland um 1900, ein beliebtes Werbemerkmal schon zu damaligen Zeiten.

vermögend gewordenen Großonkels Joseph Johannes Arnold spürbar zu erhöhen.

Als Gustav Linde 1890 bei der Liquidation der kleinen Schokoladenfabrik von Hoffmann zu Rate gezogen wurde, übernahm er zusammen mit Joseph Emile Hachez kurzerhand selbst das Unternehmen und vergrößerte dessen Anlage. Kontor und Fabrikräume mieteten die beiden Gründer in der Hutfilterstraße 38 – einem zentral gelegenen innerstädtischen Quartier – an. Dort wurde mit Hilfe eines 8 PS leistenden Gasmotors die zumeist handwerkliche Fertigung von Schokolade, Kakao, Bonbons und Zuckerware aufgenommen[3], die auf dem lokalen Bremer Markt schon bald wohlgefällig aufgenommen wurden. Dass das geschäftliche Kalkül der Gründer aufging, bewies die ständig ansteigende Nachfrage nach ihren Erzeugnissen, die sie von Anbeginn als Qualitätserzeugnisse mit den »Spezialmarken« Rats-Chocolade, Schlüssel-Cacao und Bittere Tabletten anpriesen. Diese bestünden, so wurde immer wieder versichert, nur aus ausgewählten Rohstoffen und würden nach sorgfältigen Methoden hergestellt. Bereits fünf Jahre nach der Unternehmensgründung reichten die Produktionsräume in der Hutfilterstraße nicht mehr aus, so dass der junge Betrieb 1895 in die Neustadt umzog, wo in der Westerstraße 84/85 (heute 32) eine neue Fabrik entstand. Als zusätzlicher Gesellschafter trat 1911 Friedrich Otto Hasse in den Betrieb ein, der dem Unternehmen neue Impulse für die Zukunft gab, wie z.B. die Kreierung der Braunen Blätter.

Hachez im Auf und Ab des Deutschen Reichs im 20. Jahrhundert

Die stete Aufwärtsentwicklung, die sich 1908 in der Öffentlichkeit auch durch spektakuläre Werbeauftritte mit einem lebenden Kamel zeigte (mit dem Werbeslogan: »Selbst dem Kamel aus Syrerland, ist Hachez-Rats nicht unbekannt«), erfuhr durch den Kriegsausbruch und das Ausbleiben von Rohstoffen infolge der Seeblockade der Alliierten eine jähe Unterbrechung. Von 1915 bis 1918

hatte der Aufenthalt in Belgien auch eine kleine Veränderung seines zweiten Vornamens zum französischen »Emile« zur Folge gehabt [2]. Joseph Emile Hachez gelang es, das Gründungskapital für die neue Chocolade-Fabrik durch eine finanzielle Unterstützung seines durch Wätjen

2   Ebd. S. 228; vgl. auch Hermann Sandkühler und Konrad Elmshäuser, Hachez in Bremen · Schiffe und Schokolade, in: Weser-Kurier vom 19. August 2000.

3   Siehe Ecksteins Biographische Sammlung, o.J. (1920), o.S.

Der Roland als Werbeträger auf der Verpackung einer 150-g-Tafel von Hachez.

musste auf die Herstellung von Schokolade und Kakao vollständig verzichtet werden. Das Unternehmen hielt sich mit der Produktion von Zuckerwaren über Wasser. Von den vor dem Krieg beschäftigten 300 Personen musste der größere Teil eine Zwangspause einlegen. 1920 trat der Gründer Joseph Emile Hachez, 58-jährig, aus dem Unternehmen aus, während seine Frau Elisabeth weiterhin als Kommanditistin an der Chokolade-Fabrik beteiligt blieb. In den Jahren der Weimarer Republik zog die Maschinisierung der Schokoladenproduktion immer stärker auch bei Hachez ein, wobei die Fertigungstiefe beibehalten wurde, so dass weiterhin alle Produktionsstufen vom Rösten des Rohkakaos bis zum langwierigen Conchieren der Schokoladenmasse und dem Eintafeln und Verpacken selbst durchgeführt wurden. Vor allem die vorwiegend handwerkliche Herstellung von Pralinen blieb sehr arbeitsintensiv. Die technischen Verbesserungen machten eine ständige Erweiterung des Betriebsgeländes erforderlich, das Betriebsgelände wurde gemäß der vorsichtigen Firmenphilosophie allerdings immer nur Stück für Stück arrondiert[4]. Als Produktinnovation mit anhaltendem Erfolg erwiesen sich die 1923 von Friedrich Otto Hasse kreierten »Braunen Blätter«, die aus hauchfeinen, lediglich 2 g wiegenden Schokoladentäfelchen bestanden, die in der Form von Herbstlaub gestaltet wurden. Wegen der Zerbrechlichkeit dieses Schokoladenartikels muss selbst die Verpackung bis heute von Hand erfolgen.

Obwohl Tafelschokolade, Pralinen oder auch Kakaopulver zunehmend auch in ganz Deutschland bekannt wurden, blieb Hachez doch eine Regionalmarke mit bremischem Verkaufsschwerpunkt. Nachdem Joseph Emile Hachez 1933 gestorben war, verblieb das Unternehmen neben den Kommanditeinlagen aus der Hachez-Familie mehrheitlich im Besitz von Otto Hasse.

Am 31. Januar 1943 wies die wirtschaftliche Vereinigung des Schokoladenverbandes die Bremer Chocolade-Fabrik an, ihre Produktion einzustellen. Der 137. Luftangriff auf Bremen sorgte am 6. Oktober 1944 für die Zerstörung größerer Teile der Produktionsanlagen. Erst nach dem Ende des Zweiten Weltkriegs konnte mit bescheidenen Mitteln an neue Produktionen und auch an den Wiederaufbau der Fabrik gedacht werden. Mit dem Import von Edelkakao nach Deutschland begann 1949 am alten Standort erneut die Herstellung von hochwertiger Schokolade und von Pralinen. Mit der Übernahme der Geschäftsführung des Bremer Traditionsherstellers Hachez durch die 1826 gegründete Zuckerraffinerie Tangermünde, die bis zum Ende des Zweiten Weltkriegs eine der größten in Europa war und die nach der Enteignung des eigenen Betriebes von Tangermünde (Sachsen-Anhalt)

4   Vgl. Der Schlüssel, Heft 1 (1939), S. 96.

nach Hamburg umgezogen war, erlebte die Produktion von hochwertigen Schokoladespezialitäten eine Zäsur. Nach einer umfangreichen Bereinigung des bisherigen Sortiments durch die Herausnahme von Bonbons, Pfeffer- minz und Kakao begann das Bremer Unternehmen mit der zusätzlichen Produktion von »Feodora«-Produkten, die seit 1910 in Tangermünde hergestellt worden waren. Die Feodora-Schokolade, die vor dem Ersten Weltkrieg nach der Schwester der letzten deutschen Kaiserin, Prinzessin Feodora, getauft worden war, unterscheidet sich im besonders aufwendigen Produktionsgang nicht von den Hachez-Produkten: Nach dem Rösten, Brechen und Walzen beginnt das Mahlen und Mischen mit Bourbon-Vanille, Zucker und Blockmilch oder Blocksahne im Melangeur unter Hinzufügung von Lecithin. Anschließend bewirkt ein zweifaches Auswalzen der Schokoladenmasse bis auf 15/1000 Millimeter die gründliche Zermahlung aller Zutaten. Danach muss die erwärmte Masse bis zu 72 Stunden in rotierenden Trommeln (Conchen) durchgeknetet werden, um ihren besonderen Schmelz zu erhalten. Feodora wird seit 1953 in Bremen nach den alten Tangermünder Rezepturen hergestellt und gilt im Unterschied zu Hachez, welches kakaobetonter ist, als die lieblichere Schokoladenspezialität. Zudem ist Hachez nur im Direktvertrieb zu erwerben, während Feodora auch über den Großhandel bezogen wird.

Aufgrund dieses eigenen und überaus zeitaufwendigen Herstellungsverfahrens beanspruchen Feodora wie Hachez seit den 50er Jahren, als Exklusiv- bzw. Premiumprodukte angesehen zu werden, die auch ihren besonderen Preis verlangen, womit sie zweifellos zu den teuersten Tafelanbietern auf dem deutschen Schokoladenmarkt

gehören. Gerne hören die Bremer Schokoladehersteller über ihre Marken daher das Kompliment, sie seien aufgrund ihrer Qualität, aber auch infolge eines manchmal altmodischen und durch Handarbeit recht aufwendigen Herstellungsverfahrens »der Rolls-Royce unter den Schokoladen«[5].

Klein aber fein ins zweite Jahrhundert

Nach einem sukzessiven Aufstieg in den 50er Jahren hatte Hachez mit ca. 600 Beschäftigten in den 60er Jahren die Grenze seiner Kapazität erreicht, so dass 1965/66 ein Erweiterungsbau an der Westerstraße errichtet werden musste, der sowohl das Fertigwarenlager als auch die Packräume in ausgedehnterer Form beherbergen konnte. Gemäß der Unternehmenspolitik der kleinen Schritte expandierte Hachez am Standort Bremen langsam. Mit einem Sortiment von ca. 100 Artikeln, von denen ca. die Hälfte auf die verschiedenen Pralinen entfällt, konnte sich das Unternehmen auf seinem hochpreislichen Nischenmarkt im Jahre seines 100-jährigen Bestehens (1990) mit einer festen Belegschaft von 280 Personen (während der Hochsaison bis zu 500 Mitarbeiter) behaupten. Über den Gesamtumsatz des Unternehmens ist nichts bekannt.

Gemäß der Maxime, nur so viel zu investieren, wie man auch eingenommen hatte, erweiterte Hachez 1993 vorsichtig sein Logistik-Zentrum in Bremen-Huchting. Mit Hilfe eines neuen Lagersystems, das auf 5000 Palettenplätze ausgedehnt wurde, kam die Bremer Chocolade-Fabrik ihrem Ziel näher, den deutschen Handel innerhalb von 48 Stunden komplett beliefern zu können. Im Lager, das über eine Regallänge von 4,6 km verfügt, herrscht eine konstante Temperatur von 16 Grad Celsius vor. Bis zu 77.000 Kartons können täglich aus dem Lager abgefordert werden, so dass Frischegarantie und kurze Lagerhaltung gewährleistet sind. Mittlerweile bemüht sich Hachez durch die gezielte Markteinführung von Neuprodukten, den Ausbau der Industriekunden-Sparte, die Steigerung der Exportquote von etwa 8 % und die verstärkte Präsenz in den Regalen des Handels auf internationalen Flughäfen den Umsatz zu steigern und den Bekanntheitsgrad

5 So Bremer Nachrichten vom 17.10.1984.

zu erhöhen. Dazu entwickelte das Bremer Unternehmen um die Jahrtausendwende verstärkt kakaointensive Schokoladen, die mit Kakaoanteilen bis zu 77 % voll im Trend der hochwertigen Schokoladenprodukte liegen. Forciert wurde auch das Herausbringen von kleinen konvenienten Schokoladespezialitäten. Auf Media-Werbung verzichtet das Unternehmen vollständig. Stattdessen wird auf »Mund-zu-Mund-Propaganda« als beste Werbeaussage gebaut. Auch unter den neuen Eigentümern, den bisherigen Spitzenmanagern Hasso G. Nauck, dem Enkel des vormaligen Teilhabers Otto Hasse, und Wolf Kropp-Bütt-

ner, die der Zuckerraffinerie Tangermünde im Juli 2000 die Bremer Chocolade-Fabrik abgekauft haben, wird die Grundphilosopie des Unternehmens sicher beibehalten bleiben. Die neue »Hanseatische Chocolade GmbH« vertraut der Zugkraft ihrer Marken »Hachez« und »Feodora« und setzt in ihrem vergleichsweise kleinen und vom Preiswettbewerb abgeschirmten Marktsegment der Premiumschokoladen hinter dem Branchenführer Lindt anstelle des Shareholder-Value-Mottos »Umsatz um jeden Preis« auf den bevorzugten »StomachShare« (Magenanteil) seiner Kunden.

Kraft Foods Deutschland – Die Fusion von bremischem Kaffee, amerikanischen Nahrungsmitteln und Schweizer Schokoladentradition

Vom Bremer Kolonialwarenhandel zum internationalen Genußmittelhersteller

Als im Januar 1895 Johann Jacobs im Domshof 18 sein »Specialgeschäft in Caffee, Thee, Cacao, Chocoladen, Biscuits« eröffnete, herrschte Aufbruchstimmung sowohl in der bremischen Schokoladen- als auch in der Kaffeewirtschaft. Aber anders als Joseph Emile Hachez setzte Johann Jacobs vor allem auf den nicht minder noch als Luxusgut anzusehenden Kaffee, obwohl der junge Ladeninhaber ausdrücklich auf seine Kakao-Angebote hinwies, die beste Qualität zu »mäßigen Preisen« garantieren sollten. Dabei bot Jacobs ausschließlich »Gaedeke's Cacao« aus Hamburg an. Erst 1907 begann er selbst mit dem Rösten seines Kaffees im neuen Ladengeschäft in der Obernstraße. In den 20er

Jahren verlegte sich Johann Jacobs immer stärker auf seine spätere Erfolgsdomäne: das Rösten und Vertreiben von hochwertigem Kaffee in ganz Deutschland. Das sich nunmehr mit Hilfe von gezielten Werbemaßnahmen und durch die Einführung eines eigenen Markenprofils ausweitende Versandgeschäft umfaßte neben Kaffee auch Tee und Kakao. Nach dem Zweiten Weltkrieg setzte dann die »große Zeit« von Jacobs-Kaffee ein, der sich zum Synonym für das Mitte der 50er Jahre einsetzende deutsche »Wirtschaftswunder« entwickelte. Während

dem Tee noch eine gewisse Aufmerksamkeit zuteil wurde, blieb Kaffee das absolut dominierende Produkt. Anfang der 70er Jahre schlug der Versuch fehl, auch Schokolade und Getränke unter dem Namen »Jacobs« in den Einzelhandel zu bringen; denn im Unternehmen selbst wurde die Kaffee-Monostruktur als Erfolgs- und Vertrauensgarant heftig verteidigt. Aus der Jacobs-Familie verlautete zu jener Zeit: »Wir möchten nicht, daß eines Tages Tomatenketchup mit unserem Namen verkauft wird.«[6] Jedoch ließ das Interesse bei einem der bekanntesten Markenartikler Deutschlands für neue Märkte nicht nach. Daher überrascht es nicht, dass im September 1982 die Diversifizierung der Produktpalette begann. Durch den Zusammenschluss mit dem Schweizer Interfood-Konzern, in den 1970 die Schokoladenunternehmen Suchard und Tobler aufgegangen waren, hatte die Marke »Jacobs« unter dem neuen Titel Jacobs Suchard nicht nur einen weiteren Schritt in die Internationalisierung gemacht.

Kaffee und Schokolade

Die Fusion zwischen Jacobs-Kaffee und Suchard- bzw. Toblerschokolade brachte die Bremer Kaffeeröster mit zwei Unternehmen zusammen, die eine einmalige Erfolgsgeschichte im Schokoladenmarkt aufweisen konnten. So hatte Philippe Suchard bereits 1825 in Neuenburg (Schweiz) eine Confiserie und ein Jahr später bei Neuchatel eine kleine Schokoladenfabrik eingerichtet. Mit Hilfe einer mechanischen Knetmaschine gelang es Suchard, die gemahlenen Kakaobohnen zu ca. 30 kg Schokoladenmasse täglich zu verarbeiten. Schon bald zählte er den preußischen Königshof zu seinen Kunden, nachdem er in den ersten Jahren seine Produkte in Form von Tafeln oder Napolitains an die Passagiere der Dampfschifflinie auf dem Lac de Neuchâtel verkauft hatte. Der Schokolade wurde damals noch keine Milch beigemischt, so dass sie eher eine dunkle und bittere, aber sehr nahrhafte Schleckerei war. In Paris, London, New York wie auch in Berlin errichtete Suchard für die bald weltbekannte Schokolade aus der Schweiz Zwischenlager an, um den immer häu-

ftiger werdenden Bestellungen nachkommen zu können. Mit dem Eintreten des Deutschen Carl Russ, der 1868 die Tochter von Philippe Suchard heiratete, wurde nicht nur die Reklame für die Suchard-Schokolade dem Zeitgeist entsprechend gestaltet, Russ erkannte auch schnell die großen Chancen vor allem auf dem deutschen Markt, der nicht zuletzt infolge der deutschen Zollpolitik hauptsächlich mit Massenware niedriger Qualität versorgt wurde. 1880 lief im deutschen Rötteln bei Lörrach am Hochrhein und schließlich 1882 in einem neuen Standort in der Stadt Lörrach selbst als erster ausländischer Niederlassung einer schweizerischen Schokoladenfabrik die Fertigung von Schokoladenartikeln an, wobei Personal und Technik teilweise aus der Schweiz mitgebracht wurden. Ausschlaggebend für die Gründung einer ausländischen Tochtergesellschaft war u.a. die gewaltige Erhöhung der Zölle für Kakaopulver von 52,50 Franken auf 75 Franken pro 100 kg im Jahre 1879, als Deutschland zu einer protektionistischen Zollpolitik überging.

Der Erfolg des Unternehmens war groß: Betrug der gesamte schweizerische Schokoladenexport nach Deutschland 1889 gerade einmal 21 t, so produzierte Suchard in Lörrach bereits 519 t und 1900 standen 244 t Gesamtexport ein Lörracher Volumen von 1.314 t gegenüber[7]. Neben der geschickten Verkaufspolitik Suchards in unmittelbarer deutscher Marktnähe waren für dessen weiteren Erfolgsweg auch die »Erfindungen« anderer Schweizer Schokoladenpioniere entscheidend. So hatte 1875 Daniel Peter den dunklen Kakaobrei mit kondensierter Milch zusammengebracht und somit die Milchschokolade kreiert. 1879 begann der Berner Confiseur Rudolphe Lindt die Schokoladenmasse ausgiebiger als bisher im Längsreiber, der Conchiermaschine, zu walzen, um somit überschüssige Nässe verdampfen zu lassen, und mit der Hinzugabe von Kakaobutter erfand er den »Chocolat fondant« – die Schmelzschokolade. Peters und Lindts Erfindungen machten die »Belle époque« in der Schweiz zu einer wahren »époque du chocolat«, denn nunmehr entstand eine leistungsfähige und innovationsfreudige Schweizer Scho-

---

6 Klaus Jacobs, zit. in 100 Jahre Jacobs Café, Bremen 1994, S. 59.

7 Siehe zur Gründungsgeschichte des Lörracher Werkes bes. Roman Rossfeld, Milka, Milch und Matterhorn. Die Geschichte der schweizerischen Schokoladeindustrie und ihres Marketings, 1880–1920, dargestellt am Beispiel von Suchard, unpublizierte Magisterarbeit, Zürich 2000, S. 223ff.

koladenindustrie[8]. Zeitgleich mit der Entwicklung neuer Rührwerke, die eine bessere Verschmelzung der Schokoladenmasse bewirkten, den so genannten »Suchard-Conchen«, wurde 1901 aus der »Suchard-Alpenmilch-Schokolade« mit der MILKA (aus Milch und Kakao) eine neue Schokoladenmarke als »Vollrahm-Chocolade in Tafeln und Rollen« auf den Markt gebracht. Von Anbeginn stellten der Markenname und die Markenfarbe einen besonders wichtigen Bestandteil des Produkts dar. So wurde auf der Packung eine kleine »Story« abgebildet, die einen Bauern auf einer Alpenwiese zeigte. Hinzu trat als weiteres unverwechselbares Signé die Farbe Lila, die der Schokolade ein unverwechselbares Aussehen gab.

Während des Ersten Weltkriegs musste das Unternehmen in Lörrach seine Produktion reduzieren, konnte aber 1916 als Truppenverpflegung eine »Militär-Milka« produzieren.[9] Nach dem Krieg kam der Schokoladenabsatz von Suchard im wirtschaftlich geschwächten und politisch unruhigen Deutschen Reich nur langsam in Gang. Devisenzwangs- und Rohstoffzuteilungswirtschaft behinderten die Produktion von Schokolade. Im Zweiten Weltkrieg stellte die Lörracher Fabrik ab 1942 Ersatzprodukte, wie Milchgetränkepulver und Kakaoschalentee, her

Laut Milka die zarteste Versuchung, seit es Schokolade gibt.

und wurde zum Wehrmachtslieferanten bestimmt, wobei Fruchtmarkpasten oder Trockenfruchtschnitten in Großserien entstanden. Erst mit der ersten Zuteilung von Rohkakao 1949 kamen wieder erste Kakaoprodukte auf den Markt. Ab 1950 gab es dann auch ein Wiedersehen mit den bekannten Standard-Tafeln Milka, Velma und Bittra. Bald wurde der Entschluss gefasst, den Schwerpunkt aller verkaufs- und werbetechnischen Bemühungen auf die Milka zu legen, um diese zum führenden Produkt auf dem Schokoladenmarkt zu machen.

Trotz neuer Herausforderungen durch die Selbstbedienungsgeschäfte und die großen Verbrauchermärkte wie auch durch den Fall der Preisbindung für Markenartikel passten sich die Suchard-Artikel und vor allem auch die Milka-Produkte dem Massenkonsummarkt an. Wie schon seit der Markteinführung vor dem Ersten Weltkrieg spielte das Verpackungsdesign und das umfangreiche Marketing eine immer wichtigere Rolle bei der Positionierung am Markt. Mit der Erfindung der lila Kuh im Jahre 1972, die zur Hauptidentifizierungsfigur der Marke wurde, konnte das Produkt über das neue Medium Farbfernsehen zur

8   Siehe 100 Jahre Suchard GmbH Lörrach, Lörrach 1980,o.S.; Yvonne Leimgruber u.a.: Chocolat Tobler. Zur Geschichte der Schokolade und einer Berner Fabrik, Bern 2001, S. 11.ff., 42; Milka. Das Jahrhundertbuch der Schokolade, München 2001, S. 30ff.

9   Vg. Roman Rossfeld, Vom Frauengetränk zur militärischen Notration, in: Yvonne Leimgruber u.a., S. 59ff.

»zartetesten Versuchung seit es Schokolade gibt« werden. 1970 verstärkte Suchard erneut seine Stellung auf dem Schokoladenmarkt, als es die Aktien der »Chocolat Tobler« aus Bern übernahm und die gemeinsame neue Firma in »Interfood S.A., Lausanne« umbenannte.

Mit Tobler übernahm Suchard eine legendäre Schweizer Schokololadenfirma, die in der »Belle époque« der Schokolade groß geworden war. Nach der Erfindung der Toblerone 1908, die in ihrer Form vom Matterhorn inspiriert worden war und aus Milchschokolade sowie einer Mischung aus Honig-Mandel-Nougat (italienisch heißt Nougat Torrone) bestand, verfügte das Unternehmen über ein international bekanntes unverwechselbares Produkt. Eine klare Orientierung auf die angelsächsischen Märkte und erhebliche Werbeanstrengungen sorgten auch bei Tobler für eine weitere Ausbreitung ihrer Produkte[10].

Milka-Werbeplakat von 1911

Durch den Zusammenschluss mit der Jacobs A.G. 1982 zu Jacobs Suchard war ein Konzern entstanden, der sich auf den internationalen Märkten behaupten konnte.

Als Süßwarenbereich bei Kraft Foods

Ein Jahr nach Öffnung der osteuropäischen Märkte erwarb Philip Morris, der weltweit größte Zigarettenhersteller, die »Jacobs Suchard A.G.« für einen Preis von 5,4 Mrd. DM. Nachdem Philip Morris 1985 bereits »HAG General Food« und 1988 die amerikanische Firma »Kraft« übernommen hatte, vereinigte sich Jacobs Suchard 1993 mit der Philip-Morris-Tochter »Kraft General Food« zu »Kraft Jacobs Suchard« mit Hauptsitz in Zürich. In Europa erwirtschaftete das Unternehmen einen Umsatz von 9 Mrd. US-Dollar, wovon ca. die Hälfte in Deutschland anfiel. Bremen blieb weiterhin Deutschlandzentrale des Unternehmens. Seit dem Jahre 2000 heißt das Unternehmen Kraft Foods. Nach dem endgültigen Durchbruch von Milka zur Erfolgsmarke Anfang der 70er Jahre erlangte die lila Kuh kurz hinter Micky Mouse den Status einer Kultfigur. Immer wieder wird die Marke Milka aktualisiert und ist in allen Medien präsent. Seit der Präsentation des Riegels »Lila Pause« 1986 hat sich ein Sortiment entwickelt, das jedes Jahr um rund 30 neue Produkte ergänzt wird, die bei aller Unterschiedlichkeit ein gemeinsames Versprechen haben: durch die Farbe Lila dem Konsumenten die Gewissheit zu geben, ein besonderes Qualitätsprodukt zu erwerben. Milka verfügt heute über eine ganze Palette von Merchandising-Artikeln: von Bettwäsche über das Milka-Kuh-Steiff-Tier bis zum Truck-Modell.

10 Vgl. Leimgruber u.a., Chocolat Tobler, S. 11 f., Rossfeld, ebd., S. 52

Mayer-Junior GmbH

Stets frische Schokoküsse

Fast täglich, und das seit über 80 Jahren, schlägt die Familie Mayer aus Eiweißpulver, Wasser, Zucker und weiteren geheimen Zutaten Schaum auf, d.h. riesige Schneebesen wirbeln so lange, bis diese drei Teile zum trägen Weiss zusammengemengt sind. Dabei wird gereinigte Luft zugefügt, die dafür sorgt, dass die Schaummasse zu einer Creme wird. Mit Hilfe von Agar-Agar wird der Schaum gefestigt. Dieses als natürlicher Stabilisator unentbehrliche Pulver stammt von einer besonderen Algenart, die an der Atlantikküste Nordafrikas angeschwemmt, aufgesammelt und zu Pulver zermahlen wird. Der Schaum wird in eine Dressiermaschine oder einen Formautomaten gefüllt, der die weiße Masse mit Walzen durch einen Zylinder auf fünf Waffeln verteilt. Die Waffeln, die dem Schokokuss Fundament und Biss verleihen, fahren im Schritttempo mit den weißen Rohlingen auf einem Fließband eine kleine Strecke zum Antrocknen, um sich schließlich durch eine Überziehmaschine zu bewegen, die temperierte Schokolade mit einem Kakaoanteil von 70 % als Überzug versprüht. Das Produkt wird nun noch zehn Minuten im Kühlkanal getrocknet, um als fester Schokokuss nach einer kurzen Abtropfstrecke das Ende des Förderbandes zu erreichen, wo die Nascherei von so genannten Rafflerinnen in Kartons verpackt wird.

An Werktagen zwischen 6 Uhr und 11.30 Uhr, bei Bedarf aber auch noch länger, stellt die kleine Süßwarenfabrik in Bremen-Rablinghausen frische »Mayer-Juniors« her, wie sie offiziell heißen; denn die Bezeichnung »Negerkuss« ist aufgrund ihrer rassistischen Konnotation heute nicht mehr üblich. Obwohl die Mayers den Begriff »Negerkuss« gesetzlich haben schützen lassen, verzichteten sie nach manchen Beschwerdebriefen auf diesen Namen. Zwischen September und April ist Saison für die Schokoküsse, von denen immer nur so viele produziert werden, wie Bestellungen vorliegen. Das können an einem Vormittag schon einmal mehrere zigtausend Einheiten dieser handlichen, fast quadratischen Süßigkeit mit einer standardisierten Höhe von 50 mm und einem Durchmesser von 50 mm sein. Ebenso wie über die Rezeptur dieses bremischen Erfolgsartikels schweigen sich die Hersteller über Produktionszahlen aus. Dabei versichern sie aber, dass ihre Produkte weder Konservierungsstoffe, Fettglasuren oder gar Mehl noch Stärke oder Schlagsahne enthalten. Ein »Mayer-Junior« bringt angeblich nicht mehr Kalorien auf die Waage als ein Stück Knäckebrot.

Geheimnisvolle Rezeptur Schlüssel des Erfolgs?

Die Gründer- und Herstellerfamilie arbeitet im Verborgenen, sie macht keinerlei Werbung und behauptet sich trotzdem bereits seit vier Generationen mit einem einzigen Artikel auf dem bremischen Regionalmarkt. Taufrische ist der Erfolgsgarant für die Marke »Mayer-Junior«. Der Knack beim Durchbeißen der Schokoladenhülle, die lockere, milde und nicht so süße und klebrige Masse und der knusprige Boden machen diesen »Schokokuss« zu einem unverwechselbaren Exemplar seiner Art. »Bei allen guten Bäckern und Konditoren in Bremen und umzu«, wie die offizielle Lesart heißt, ist der Schokokuss erhältlich. Dieses Premiumprodukt verdankt seinen guten Namen und seine ungebrochene Beliebtheit vor allem der Auswahl der Rohprodukte; denn sowohl die Eiweißmasse als auch die Schokolade werden in Rablinghausen nach alten Familienrezepturen verfeinert.

Sofern die Privatkunden nicht bereits unmittelbar nach Stillstand der Förderbänder zum persönlichen Abholen ihrer Produkte in der kleinen Süßwarenfabrik erscheinen, geschieht die Auslieferung immer am darauf folgenden Tag. Innerhalb Bremens werden die »Mayer-Junior« von einem firmeneigenen Fahrer ausgeliefert, den Raum zwischen Bremen und Oldenburg sowie zwischen Bremen und Cuxhaven versorgt der Großhandel. So treu wie die Hersteller sich ihren Rezepturen gegenüber verhalten, so treu sind auch die Kunden ihren Schokoküssen; denn der

Kundenkreis setzt sich im Wesentlichen aus Stammkunden zusammen, die seit Generationen ihre Schokoküsse in Bremen von Mayer beziehen und an ihre Kunden weitergeben. Trotz des Bäckersterbens und der Filialisierung in den Supermärkten hat der Kundenkreis im Einzelhandel nicht abgenommen. Die großen Hersteller von Schokoküssen, die vor allem in Discountgeschäften günstig ihre Ware anbieten, haben auf dem Bremer Regionalmarkt dem Absatz des »Mayer-Juniors« nichts anhaben können, der sich auf ein bestimmtes Niveau eingependelt hat. Damit sind aber auch die Grenzen dieser Marke bezeichnet. Natürlich könne und wolle die Firma Mayer auch über die Grenzen Hamburgs oder Hannovers hinaus ihre hochwertigen Produkte vertreiben, jedoch mache das wenig Sinn; denn wenn man schon den Frischevertrieb hinkriegen könnte, so sei der über Generationen überlieferte Markenname auf weit entfernt liegenden Märkten völlig unbekannt und die Mittel für eine intensive Werbung möchte der Rablinghauser Unternehmer nicht aufbringen.

Die »Negerkuss«-Dynastie Mayer

Sehr vorsichtig hat die Eigentümerfamilie Mayer von der Handarbeit in den 80er Jahren auf moderne, maschinengestützte Fließbandfertigung umgestellt, die Stück für Stück im eigenen Haus entwickelt und ausgebaut wurde. Noch vor 20 Jahren wurden die Rohlinge von Hand auf mit Nägeln bestückte Platten gesteckt, in Kuvertüre getaucht und über Nacht zum Trocknen auf Wagen gehoben. Dabei konnte es durchaus passieren, dass die Schokolade grau wurde und die gesamte Charge schief ging. Die Anfänge des Unternehmens liegen über 80 Jahre zurück. Seit 1901/02 betrieb Wilhelm Mayer in der Bremer-Neustadt eine eigene Konditorei. Ab 1920 offiziell als Zuckerwarenhersteller und ab 1925 als »Schokoladen- und Zuckerwarenfabrik« spezialisierte sich Wilhelm Mayer, der als gelernter Konditor auch in der Schokoladenfabrik Hachez gearbeitet hatte, auf die Hausproduktion von »Negerküssen« in noch bescheidenem Rahmen. Zwar kannte man in Deutschland schon lange »Mohrenköpfe«, doch bestand die Füllung aus Pudding, Mehl und Stärke. Mayer entwickelte stattdessen in Anlehnung an französische Konditorentradition eine wesentlich leichtere Füllung aus Eischaum. Da die cremig-süßen Schaumprodukte auf französisch »baiser« – also Kuss – hießen, nannte man die in dunkle Schokolade getauchten Schaumportionen fortan in Deutschland »Negerkuss« oder auch »Mohrenkopf«.

Wilhelm Mayers Sohn Arnold trat in die Fußstapfen des Vaters, trennte sich jedoch nach dessen Tod vom elterlichen Betrieb und zog 1935 in die Kleine Johannisstraße 30. Dort stellte Mayer ebenso wie weiterhin seine Stiefmutter in der Sedanstraße »Negerküsse« her. 1954, nachdem sein Sohn, der ebenfalls Arnold heißt, eine Lehre als Konfektmacher bei der benachbarten Schokoladenfabrik Hachez erfolgreich absolviert hatte, siedelte Arnold Mayer sen. in die Rablinghauser Landstraße über. Obwohl die Witwe Wilhelm Mayers nach 1950 weiterhin darauf bestand, »Alleinhersteller der echten Mayer's Mohrenköpfe« zu sein, trotzte Arnold Mayer sen. erfolgreich seiner Stiefmutter und baute seinen Betrieb langsam aus. Kein Wunder war es daher, dass Arnold jun. – die Familienkonkurrenz in der Sedanstraße hatte 1958 den Betrieb komplett eingestellt – in den 70er Jahren die Leitung des Unternehmens übernahm und seinerseits die Fertigung vorsichtig steigerte und modernisierte. Auch dessen Sohn trat Anfang der 90er Jahre in den väterlichen Betrieb ein. Beide Arnold Mayers und deren Ehefrauen führen neben einigen wenigen Mitarbeitern die Produktion der Schokoküsse als Familienbetrieb durch. Dabei entwickelte sich in den vergangenen Jahren sehr erfolgreich neben dem Kerngeschäft noch die Herstellung von edlem Marzipan, von Pfefferminzkissen, von Kokosstangen und von Pralinen. Mit der Hand kunstvoll geformte Igel und Hasen aus Marzipan stellen weiterhin das handwerkliche Geschick der Schokokusshersteller unter Beweis, die mit ihrem Hauptprodukt, mit der erfolgreichen und dauerhaften Besetzung ihrer regionalen Marktlücke wie auch mit ihrer zurückhaltenden Geschäfts- und Öffentlichkeitspolitik sehr zufrieden sind. Ob allerdings die nunmehr heranwachsende fünfte Generation der Mayers, die natürlich auch den Namen Arnold trägt, im Zeitalter von Computer und Globalisierung später den Traditionsbetrieb weiterführen wird, ist noch nicht abzusehen. Die Lust auf Schokoküsse wird sicherlich auch in Zukunft regionalen Platz für weitere Premiumprodukte lassen.

Bettina von Briskorn/Gabriele Helmrich

»Kennen Sie Kaba?«

Diese Frage beantworteten 96 % der Befragten im Jahre 1975 mit »Ja« und auch heute ist der Bekanntheitsgrad von Kaba fast ungebrochen. Er ist das Ergebnis einer erfolgreichen Werbestrategie, die Kaba zur Gattungsbezeichnung für Kakaogetränke schlechthin machte. »Schul-Kaba« ist in Deutschland ein Begriff, wenn auch das Getränk nicht unbedingt mit Kaba zubereitet wird.[1] Wie sich Kaba zu einem derart begehrten Produkt entlang der historischen Gegebenheiten von 1929 bis 1955 entwickeln konnte, lässt sich aus vielen Quellen mosaikartig zusammensetzen. Allerdings darf nicht unerwähnt bleiben, dass trotz intensiver Recherche manche Frage offen bleiben musste. Das spannende Kapitel »Kaba« im Buch der deutschen Markengeschichte ist noch nicht abgeschlossen.[2]

»Kaba Geburt«[3]

1929: Börsenkrach – Massenarbeitslosigkeit – Weltwirtschaftskrise – und erstaunlicherweise Geburtsstunde eines neuen Produktes aus dem Hause »Hag«: »KABA – der Plantagentrank!« Ludwig Roselius, der innovative Vater moderner Heiß- und Kaltgetränke im 20. Jahrhundert, sah die Zeit gekommen, nach dem koffeinfreien Kaffee sein zweites, geschichtsträchtiges Konsumgut auf den Markt zu bringen. Die Erfolgsstory nahm laut nachträglichen Aufzeichnungen von Firmenmitarbeitern[4] ihren Anfang auf einer 1927 unternommenen Reise.[5] Roselius besuchte seine Kaffeeplantagen in Brasilien und wurde dort aufmerksam auf ein Kakaogetränk, zubereitet nach einem alten Tropenpflanzerrezept. Dieser exotische Genuss mag die Idee mit auf den Weg gebracht haben, ein Getränk für Europa zu erfinden, das ganz auf die Wünsche der Zeit antwortete: ein Genussmittel mit Schokoladengeschmack – in Zeiten des wirtschaftlichen Niedergangs ein Hauch von Luxus, aber dennoch für viele erschwinglich –, mit gesunden Nährstoffen, die – nach »Steckrübenzeit« und Mangelernährung – das Interesse an Reformkost und ein neues Gesundheitsbewusstsein ansprachen. Neben guter Bekömmlichkeit sollte eine schnelle Zubereitung das zeitgemäße Getränk auszeichnen und mit dem Rohstoff Kakao konnten Träume an exotische Lebenswelten geweckt werden, die in Krisenzeiten besonders verlockend erscheinen.

Für den vorausschauenden Unternehmer Ludwig Roselius gab es mehrere Gründe, ein neues Produkt auf den Markt zu bringen: Das Patent für die Entkoffeinierung lief 1928 aus. Schon wartete eine Phalanx von ähnlichen Anbietern auf ihre Chance.[6] Der Kaffeemarkt stagnierte. »Die Statistik des Jahres 1929 ist für alle drei Firmen [Niederlassungen in Bremen, Feldmeilen/Schweiz, Amsterdam] sehr wenig günstig«,[7] so Roselius in einem Brief an die Direktionen der Hag-Niederlassungen. In diesem Zusammen-

1 Mit der Frage »Kennen Sie ›Kaba‹?« präsentierte sich die Plantagengesellschaft 1932 auf der Ausstellung »Haus und Herd« in den Bremer »Centralhallen« [vgl. HAG-Archiv, 1-75-K, Kaba-Fotos]. Die Umfrage wurde von den Wickert Instituten durchgeführt [ZA Kraft, 575 291] – Für Kaba als Farbbezeichnung von Damenstrümpfen vgl. ZA Kraft 569 466.

2 Für ihr außerordentliches Engagement danken wir der Archivarin Bärbel Kern (Kraft Foods Firmenarchiv). Des Weiteren wurde die Arbeit von den Mitarbeitern des Archivs Böttcherstraße/HAG-Archiv Böttcherstraße GmbH (Bremen) Uwe Bölts, Christel Rademacker und Hans Tallasch unterstützt. Außerdem bedanken wir uns für ihre Auskunftsbereitschaft bei: Herrn Kümmel, R. Grabe, H. Reitemeyer, K. Strubel, R. Walther und W. Witte. Weiterhin sei Herrn Weber vom Kraft Foods Marketing-Archiv und M. Jakob, Praktikant im Kraft Foods Firmenarchiv, gedankt. Die von uns benutzten Archive sind nur teilweise oder überhaupt nicht erschlossen; dies erklärt die Uneinheitlichkeit der Nachweise. Das Kraft Foods Firmenarchiv wird im Folgenden »ZA Kraft« abgekürzt.

3 Die Überschrift spielt auf einen Aktentitel im Archiv Böttcherstraße an.

4 Archiv Böttcherstraße, Wilhelm Roselius, Niederschrift der wissenschaftlichen Gespräche mit Generalkonsul Dr. h.c. Ludwig Roselius (Typoskript) 1974, S. 17.

5 Archiv Böttcherstraße, L. Roselius Briefe, Roselius an Schüler, 21.1.1927, u. Roselius an Vogeler, 21.1.1927.

6 Archiv Böttcherstraße, Wilhelm Bock, Entstehung und Aufbau des Kaffee-Hag-Konzerns, S. 7ff.

7 Archiv Böttcherstraße, Kaba/Tesan/Mateka, Kaba Geburt, Roselius an Direktionen Bremen, Feldmeilen, Amsterdam 20.3.1929.

hang beklagt er außerdem die mangelnde Kaufbereitschaft von Hag in den unteren Schichten der Bevölkerung.[8] Offensichtlich »… ist Kaffee-Hag aber kein Artikel, mit dem man die Massen erreichen kann«[9]. Aus marktpolitischen Gründen musste ihn jedoch ein »massenwirksames« Produkt interessieren und so fokussierte er mit seinem Kakaogetränk zwar ursprünglich auf »ein gutes Kindergetränk«[10], erfasste aber damit auch die Zielgruppe Familie: »Väter, Mütter, Kinder – alle loben KABA«[11].

Der Kaffeeunternehmer Roselius sah für die Rezeptur von Kaba erst einen erheblichen Anteil – wahrscheinlich entkoffeinierten – Kaffee vor. Auch der zunächst in Erwägung gezogene Name des Produktes, »Schokohag« oder »Kaffee Hag – türkische Art«, spielte auf den Erfolg der Marke Hag an. Die Bezeichnung »Kaba«, die Roselius sich bereits 1907 markenrechtlich gesichert hatte, für einen Kaffee, oder ein Kaffee-Surrogat-Produkt[12], erschien ihm dann noch 1929 geeignet für ein Getränk mit hohem Kaffee- und Kakaogehalt.[13] Zusammen mit Karl Wimmer[14], dem bewährten Chemiker aus der Hag-Forschung, experimentierte Roselius wohl seit 1928[15] an der Rezeptur von Kaba, um bestimmte Qualitäten für ein modernes, gesundes und wohlschmeckendes Produkt zu gewährleisten. Es musste eine geeignete Zusammensetzung gefunden werden, die betriebswirtschaftlich vertretbar war bei hohen Rohstoffpreisen einerseits und der schwachen

Kaufkraft der Bevölkerung in den Krisenjahren andererseits – es sollte »so billig als möglich«[16] angeboten werden und herausragen aus dem Dschungel von Kakaoprodukten.[17] Außerdem musste das rein technische Problem der Löslichkeit von Kaba in Milch beantwortet werden, denn die Instantbeschaffenheit war ein weiteres modernes Qualitätsmerkmal.[18] Diese chemischen Versuchsreihen und ökonomischen Kostenkalkulationen sind auf diversen Zetteln und Schriftstücken von Roselius, vermutlich Wimmer und anderen Chemikern z.T. handschriftlich dokumentiert.[19]

Roselius' Kabaformel setzte sich zu Anfang aus Kaffee, Rohrzucker, Traubenzucker, Keimen und Kakao zusammen. Hinzu kamen verschiedene Mineralsalze, Aromen und chemische Substanzen. Die jeweiligen Anteile wurden prozentual immer wieder verändert oder Bestandteile gänzlich weggelassen, wie z.B. der ursprünglich wichtige Kaffee, der als überseeischer Rohstoff teuer und als Importgut schlecht zu kalkulieren war. Außerdem ließ Roselius einige Ingredienzen auf ihre Eignung überprüfen. So z.B. Traubenzucker, dessen Wirkung auch bei Zuckerkrankheit in einem Gutachten abgeklärt wurde.[20] Der gesundheitliche Aspekt war für Roselius wie schon bei Kaffee-Hag auch für Kaba von großer Bedeutung.

Dann wurde es ernst. Würde Kaba bei den Kunden so gut

---

8   In der Arbeiterschaft gab es laut statistischer Erhebung eine dezidierte Ablehnung von Werbemitteln. Die Kaufkraft für entsprechende »Luxusprodukte« war nicht gegeben. Vgl. dazu: Dirk Reinhardt, Von der Reklame zum Marketing, Berlin 1993.

9   Kaba Geburt a.a.O., Roselius an Direktionen Bremen, Feldmeilen, Amsterdam 20.3.1929.

10 Ebenda.

11 HAG-Archiv, Kaba-Inserat-Verzeichnis 1929-1972, 1934, Nr. 73.

12 ZA Kraft, W.02 Unsere Werbung Kaba 200i, Kaffee Hag an Roselius, Hag-Gesellschaften u. Sanka S.A. 31.10.1932; ZA Kraft, 581 035, Notiz 28.12.1937.

13 »Kaba« ist wahrscheinlich ein Phantasiename. Auffällig ist das dominante »A« bei »KABA der Plantagentrank«. Inwieweit mit dem »A« in »Kaba« eine klangliche Bindung an »Hag« beabsichtigt war, muss offen bleiben. W. Roselius schreibt zur Entstehung des Namens: »Diese Mischung des […] Pulvers war der ›Stein der Weisen‹ […] und wurde deshalb stilisiert von […] ROSELIUS ›KABA‹ genannt« [Roselius, Niederschrift a.a.O., S. 17]. Die Patentierung des Namens bereits im Jahre 1907 widerspricht dieser Erklärung. Auch in den 1930er Jahren gemachte Überlegungen, den Begriff »Kaba« als aus einer afrikanischen Sprache herrührend zu erklären, verdeutlichen, dass es sich bei »Kaba« um ein frei erfundenes Wort handelt [vgl. ZA Kraft, Abt. P. 569 466, Nolting-Hauff an Plantagengesellschaft 11.3.1935].

14 Roselius, Niederschrift a.a.O., S. 17 – Karl Wimmer hatte zum Erfolg des Entkoffeinierungsprozesses beigetragen [vgl. Günter Spang, Rotes Herz und brauner Trank, zweite, um einen Nachtrag vermehrte Auflage, Bremen ca. 1963, S. 18].

15 »Die ersten Versuche wurden im Jahre 1928 vorgenommen und 1929 wieder aufgenommen« [ZA Kraft, 581 035, Notiz 28.12.1937].

16 Kaba Geburt a.a.O., Roselius an Puvogel 8.4.1929.

17 Viele Schokoladenfirmen (u.a. Felsche, Hartwig & Vogel, Stollwerck, Hachez) hatten Kakaopulver im Sortiment.

18 Eine bestimmte Sorte Rohrzucker stellte sich für die Instantbeschaffenheit von Kaba als geeignet heraus [vgl. Kaba Geburt a.a.O.].

19 Kaba Geburt a.a.O.

20 Ebenda, Gutachten Beck Brauerei Gesellschaft Bremen 15.2.1929.

ankommen wie erhofft und eine wirtschaftliche Perspektive für das Unternehmen bieten? – Ganz nach moderner Firmenorganisation plante der erfahrene Geschäftsmann einen ersten »Testlauf« für Kaba: »Wir beginnen klein in Bremen. […] Handverkauf und […] Ausschank. Tasse 10 Pf. mit Kuchen. / […] Alte Sanka Packung mit Stern oder deutsche Imitation der Packung«.[21] »… Die ersten Versuchsmengen [wurden schließlich] im Bezirk Breslau […] eingeführt.«[22] Im November und Dezember 1929 schaltete man bereits zwei Anzeigen: »Was trinkt der Plantagenbesitzer?« und »Nächste Woche wieder Kaba«.[23] – Das schmeckte nach mehr und so war dieser vorsichtige Anfang nur der Auftakt für Roselius' ehrgeizige Pläne. Dass nämlich »Kaba« zu einer weiteren Marke aufzubauen wäre, »darüber erübrigt sich wohl eine Diskussion«.[24] Die prägnante und über Jahrzehnte Bestand habende Formel lautete: »KABA der Plantagentrank«, hergestellt in einer Hag-Tochterfirma, der Plantagengesellschaft m.b.H.[25] auf dem Hag-Gelände im Bremer Fabrikenhafen.

»KABA der Plantagentrank«
Aufstieg einer Marke

Mit der Pionierarbeit der Marke Kaffee-Hag hatte Ludwig Roselius bewiesen, dass er mit allen Möglichkeiten seines modernen Unternehmens ein Produkt zu internationalem Renommee führen konnte. Er verfolgte moderne Ideen der »Propaganda« in der Wirtschaftswerbung und teilte nicht die auch in Bremer Kaufmannskreisen verbreitete Philosophie »Die Ware lobt sich selbst«[26]. Als Mitglied des Werkbundes, jener 1907 gegründeten Vereinigung von Industrieunternehmern und Künstlern zur künstlerischen Gestaltung der Arbeits- und Konsumwelt, hatte er mit der erfolgreichen Vermarktung von Kaffee-Hag der

deutschen Kaffeewirtschaft einen erheblichen Aufschwung beschert.[27] Die Marke »Kaba« sollte ebenfalls europaweit erfolgreich werden und sich letztlich in Deutschland zum Gattungsbegriff für Kakaogetränke entwickeln.

Wie sich der Werdegang von Kaba gestaltete, lässt sich im Spiegel der Werbeauftritte in der Öffentlichkeit ablesen. Denn dass Qualität und gute »Propaganda« das Produkt erst zu einer Marke werden lässt, stand für Roselius außer Frage. Sein Verwandter und Mitarbeiter, der Chemiker Wilhelm Roselius, erklärt: »Aber ganz so, wie der Laie beispielsweise von Persil nicht weiß, welche Bestandteile in ihm enthalten sind, sondern nur seine Wirkung und Anwendungsweise kennt, genauso streben wir von Kaba Plantagentrank als Markenartikel die Kenntnis der Güte und guten Bekömmlichkeit, der Qualität im allgemeinen Publikum an und bauen darauf unsere Reklame auf.«[28]

Die Präsenz der Marke schafft ein »Zeichen, das geeignet ist, die Waren und Dienstleistungen eines Unternehmens von den Waren oder Dienstleistungen eines anderen Unternehmens zu unterscheiden. Schutzfähige Zeichen sind Wörter (einschließlich Personennamen), Bilder, Buchstaben, Zahlen, Hörzeichen, dreidimensionale Formen und Farben.«[29]

Das äußere Erscheinungsbild der Verpackung gehört ebenso zur Etablierung der Marke wie auch das von Roselius praktizierte Prinzip der »Kulturreklame«[30]. Plakate, Affichen, Anzeigen in Tageszeitungen und Zeitschriften, öffentliche Werbeveranstaltungen bildeten zunehmend ein dichtes Netz von Informationen und Animationen, denen sich die Hausfrau – denn diese war die Hauptadressatin als Käuferin – kaum entziehen konnte.

21 Kaba Geburt a.a.O., Roselius an Puvogel 8.4.1929.

22 ZA Kraft, 581 035, Notiz 28.12.1937.

23 Inserat-Verzeichnis a.a.O., 1929, Nr. 1 u. 2.

24 Kaba Geburt a.a.O., Roselius an Direktionen Bremen, Feldmeilen, Amsterdam 20.3.1929.

25 Zur Geschichte der Plantagengesellschaft: Bock, Enstehung u. Aufbau Hag, a.a.O., S. 10 u. 12; ZA Kraft, II. Allg. v. 1.9.1935 - 31.1.1937 Abt. P. II; ZA Kraft, 581 035 Notiz 28.12.1937.

26 Vgl. Dirk Reinhardt, Von der Reklame zum Marketing, Berlin, 1993, S. 69.

27 Mit diesem Erfolg bestätigt sich eine Ziellinie des Werkbundes, nämlich die, die deutsche Wirtschaft international konkurrenzfähig zu machen.

28 ZA Kraft, 310 386, Akten-Notiz Besprechung Wagner–Roselius 12.8.1935.

29 http://www.berlin.ihk.de/service/recht.

30 »Reklame will ein Stück Kultur werden«, proklamiert eine von Hag herausgegebene Propaganda-Broschüre [zit. bei Sönke Hundt, Broschüre zur Eröffnung des Ludwig-Roselius-Zimmers 1994].

KABA-Werbung in Breslau Anfang der 30er-Jahre.
HAG-Archiv Böttcherstraße GmbH Bremen.

Als Verpackungsmotiv wurde ab 1929 bis in die Nachkriegszeit das Halbporträt einer jungen Frau von Kakaotasse gewählt. Sie blickt den Betrachter/Käufer direkt an, dezent bis kokett, zurückhaltend und auffordernd zugleich. Sie selbst scheint sich ihrer Wahl von Kaba absolut sicher zu sein: »Bester Plantagentrank« bestätigt sie. Wie die »Blaue Dame«[31] bei Hag ist ebenso für Kaba eine Frau als Identifikationsfigur für die Käuferin gewählt, hier jedoch eine »durchschnittliche Hausfrau«, wie das Produkt ja auch eher auf Massenkonsum zielt. Das gemalte Frauenbild wurde 1932 durch eine in Pose und Ausdruck identische Fotografie einer Dame ersetzt, die an Werbe

wirksamkeit wohl kaum zu übertreffen war. Dorit Nitykowski, die Schönheitskönigin von 1930, hatte sicherlich durch moderne Medien einen großen Bekanntheitsgrad.[32] Das Konterfei dieser berühmten Persönlichkeit zierte bis 1955 die Kaba-Packungen.

Frauenmotiv und Farbe der Verpackung waren zu einer Art Leitmotiv für Kaba geworden. Sie wirkten vertrauensbildend für die Marke, weil Wiedererkennung den Käufer bindet. Das Geld der Tropensonne ruft synästhetische Qualitäten hervor: Wärme, exotische Früchte und Geschmacksrichtungen – zu damaliger Zeit ein verlockender, aber ferner Traum. Auch das Atoll-Palmenlogo lässt einprägsam überseeische Assoziationen entstehen, die im

31 Abb. z.B. in: Hartmut Roder (Hrsg.), Bremen, Handelsstadt am Fluß. Bremen, 1995, S. 217.

32 Vgl. ZA Kraft, 576 396, Hag A.G., Interner Jahresbericht 1955, S. 52f. u. Veit Didczuneit, Miss Germany. Eine schöne Geschichte, Bonn 2002, S. 15ff. – Aus Kostengründen hatte man sich bei der Deponierung des Packungsbildzeichens für das Ausland entschieden, auf den Vielfarbendruck zu verzichten, aber ein sehr ähnliches Motiv zu wählen. Dieses Packungsbild wurde dann auch in Deutschland eingeführt [ZA Kraft, W.02 Unsere Werbung Kaba 200i, Kaffee Hag an Roselius, Hag-Gesellschaften u. Sanka S.A. 31.10.1932]. Dorit Nitykowsky warb als »Miß Germany 1930« ebenfalls für »Sarotti«-Schokolade [Didczuneit a.a.O., S. 15].

Seitentext mit dem Hinweis auf das alte Tropenpflanzer-rezept noch vertieft und mit dem kleinen Bild einer Tropenszene illustriert werden.

»KABA schmeckt wie Schokolade.«
Der Schokoladenstreit

Die ersten Verpackungstexte bezeichnen Kaba nicht ausdrücklich als Kakaogetränk. Er soll aber auch nicht mit Kaffee verwechselt werden: »Man braucht weder Kaffeemühle noch Kaffeesieb.« Es wird weniger eine bekannte Geschmacksrichtung hervorgehoben als vielmehr die Tatsache, dass der geheimnisvolle Plantagentrank der Gesundheit zuträglich ist. Die nächste Verpackung bietet dann die ganze Klaviatur der Werbetexte auf, die in den folgenden Jahren dem Verbraucher immer wieder im Ohr klingen sollen: »Gesundheitsfördernd, für Jung und Alt, enthält die gleichen Nährsalze wie Muttermilch, stopft nicht!, in 1 Minute trinkfertig« und vor allem »Schmeckt wie Schokolade!«[33].

Dieses letzte Qualitätsmerkmal sorgte in den Kreisen der Schokoladenindustrie für Missstimmung. Der »Verband deutscher Schokolade-Fabrikanten e.V.«, die in Dresden ansässige Vertretung der Schokoladenindustrie, strengte 1932 einen Prozess gegen die Plantagengesellschaft an, in dem nachgewiesen werden sollte, dass Kaba nicht wie Schokolade schmecken kann, also nicht als »Schokolade-Getränk« bezeichnet werden darf, weil Kaba keine Schokolade ist. Denn Schokolade unterliegt ganz bestimmten Anforderungen der Zusammensetzung, der prozentualen Verhältnisse der Inhaltsstoffe, über die der Schokoladenverband aufmerksam wachte. Die Auseinandersetzung führte letztlich zu einem »Selbstversuch« im Gerichtssaal, bei dem die Richter sich vom Schokoladengeschmack des Getränkes überzeugen sollten. Die Geschmacksprobe fiel völlig eindeutig aus mit dem Fazit: »Kaba schmeckt wie Schokolade«, so dass dieser Werbespruch weiterhin Verwendung finden durfte. Roselius, der selbst kein Mitglied des Verbandes war, zeigte sich allerdings kompro-

Verpackung 1929-1955 mit der Schönheitskönigin von 1930.
Foto: Gabriele Warnke

missbereit und erwarb einen Teil des für Kaba benötigten Kakaos in Form von stark entöltem Kakaopulver von den Schokoladenfirmen.[34] Der Streit um Kaba, das seit 1932 deutschlandweit eingeführte Kakaoprodukt[35], beschäftigte in den folgenden Jahren weiter die Rechtsabteilung der Firma Hag. Besonders als Kaba durch die neue Kakaoverordnung Auflagen und Einschränkungen drohten, die eine erhebliche Veränderung der Zusammensetzung erfordert hätten, musste ein Gutachten des Berliner Geheim-Regierungsrats Prof. Dr. Dr. Juckenack Kaba aus der Kakaopa-

33 Verpackung 1929, Übersee-Museum u. Verpackung 1929, HAG-Archiv.
34 Roselius, Niederschrift, a.a.O. S. 18, vgl. auch ZA Kraft, 310 386, Akten-Notiz Besprechung Wagner–Roselius 12.8.1935, S. 8.
35 Archiv Böttcherstraße, Prospekt für Einzelhandel »Kaba ist jetzt in ganz Deutschland eingeführt«, datiert 1932.

lette »herausdefinieren« bzw. bewirken, dass die Verordnung Kaba berücksichtigt und integriert. Er deklarierte das Produkt folgendermaßen:

»Das Erzeugnis ›Kaba bester Plantagentrank‹ ist nach seiner Zusammensetzung, also stofflich, weder Schokolade noch Schokoladenpulver, sondern ein für diätetische Zwecke hergestelltes, selbständiges Lebensmittel eigener Art, also auch nicht etwa ein nachgemachtes oder verfälschtes Schokoladenpulver. § 4 Nr. 1 und 2 des Lebensmittelgesetzes scheiden demnach aus, ganz abgesehen davon, dass die Bezeichnung des Erzeugnisses ›Schokolade‹ oder ›Schokoladenpulver‹ lautet. Für einen ›Plantagentrank‹ ist zudem bisher von keiner Seite eine Begriffsbestimmung aufgestellt […] worden.«[36]

Mit dieser Definition[37] fiel Kaba durch das Auflagenraster der Kakaoverordnung und schlug sich geschickt auf die »gesundheitsfördernde« Seite, eine Bezeichnung, die den Ausdruck »diätetisches Nährmittel« ersetzte. Dies war eine Maßnahme, um die wichtige Zielgruppe der Frauen nicht auszuschließen, die das »Nährmittel« als Gefahr für ihre schlanke Linie sehen könnten.[38] Der entsprechende Werbespruch lautet: »Bleibe frisch, gesund und schlank mit Kaba, dem Plantagentrank!«[39]

Die Seriosität des Versprechens gesundheitsfördernder Wirkung wird in den Anzeigen immer wieder durch ärztliche Gutachten untermauert. Auch Erfahrungsberichte von Müttern, die das Gedeihen ihrer Kinder mit Hilfe von Kaba bestätigen, in einem Fall sogar Kaba eine lebensrettende Funktion zuschreiben[40], gingen in der Werbeabteilung ein und wurden veröffentlicht.

Wie eine Art Schnappschuss richtet sich der Blick aus Erwachsenenhöhe auf das kleine Kind. Der eigentliche Werbeinhalt tritt zunächst hinter einer Müttern wohlbekannten Alltagssituation zurück.

Die Aufnahme stammt von dem bekannten Fotografen Dr. Paul Wolff (1887-1951), Kraft Foods Firmenarchiv

»Unsere Werbung – KABA«

In der Hag-Werbung der 20er Jahre kündigte sich bereits ein neuer Trend an, der bei Kaba weiter fortgeführt würde: Die künstlerische Durchgestaltung der Werbemittel trat hinter einer psychologisch durchdachten, am deutschen Alltag orientierten Wahl der Motive und Texte zurück.[41] Damit wurde der Verbraucher stärker einbezogen und in bekannten Situationen auf das Produkt auf-

36 ZA Kraft, W.02 Unsere Werbung Kaba 2001, Gutachten Juckenack 31.1.1932.

37 Auch mit Anzeigen versuchte man darüber aufzuklären »Was ist Kaba? Warum Kaba?«(ab 1930), um den geschickt bezeichneten, aber geheimnisvoll anmutenden »Plantagentrank«an die Kundschaft zu bringen [vgl. Inserat-Verzeichnis a.a.O.].

38 ZA Kraft, W.02 Unsere Werbung Kaba 2001, Notiz Besprechung Professor Bames 18.11.1935.

39 Inserat-Verzeichnis a.a.O., 1930, Nr. 3.

40 Ebenda, 1932, Nr. 26.

41 Dieser Trend lässt sich auch bei anderen Firmen feststellen. Vgl. hierzu: Reinhardt a.a.O., S. 83.

merksam gemacht.[42] Auffällig ist der enorme Anstieg von Werbemaßnahmen jeder Art ab 1933. Der Aufbau der Anzeigen aus vielen Lebensbereichen von Kindern und Jugendlichen gestaltete sich immer ähnlich.

Die zeitgenössische ästhetische Sprache war die Verbindung von Fotografie und Text. Als »kunstwürdiges« Massenmedium hatte die Fotografie ganz neue Ausdrucksqualitäten entdeckt und den malerischen Vorbildern eigene Qualitäten entgegengehalten. Besondere Effekte wurden durch Ausschnitte oder ungewöhnliche Perspektiven erzielt, die den Blick schärfen und für die eigentliche Aussage der Werbung interessieren. Damit ist das Bild nicht mehr Illustration, sondern zentrales Element der Argumentation. Ein Beispiel ist die Werbeanzeige »Belauschtes Gespräch« von 1934.[43]

Die Mutti-Reklame

Mütter mit Kindern nehmen in der Motivwahl für Kaba einen wichtigen Stellenwert ein. Das Plakat »Mutti, gib uns Kaba« zeigt eine glückliche Mutter, eng umspielt von ihren beiden Kindern. Dieser Konstellation könnte man fast ein sakrales Vorbild zuordnen, nämlich das Motiv der Maria mit Christus und Johannes als kleinen Knaben. Jener Inbegriff der mütterlichen Zuneigung überträgt sich auf die »Kaba«-Mutti und erzeugt ein ebenso ideales Mutterbild.[44]

Der Aufruf »Mütter, gebt euren Kindern Kaba!« von 1933 ertönte etwas verschärft in einer Zeit, in der das Mutterbild Bestandteil des politischen Programms ist. Die Mutter erhält zunehmend das Ethos der Kraft spendenden Nährerin. Die Mutti-Reklame von Kaba verfehlte ihre Wirkung offenbar nicht, wenn man den Brief einer Kolonialwarenhändlerin aus Gröba liest, in dem sie 1934 an die Plantagengesellschaft schreibt:

»Miss Germany 1930« als KABA-Mutti, Werbeplakat 1934.
HAG-Archiv Böttcherstraße GmbH Bremen

»Vor einigen Wochen beauftragte uns das Amt der N.S. Volkswohlfahrt für die N.S.V. ein Schaufenster zu dekorieren und zwar sollte dieses im Zeichen des Hilfswerkes für ‚Mutter und Kind‘ stehen. Wir entschlossen uns daher, mit Kaba zu dekorieren, weil erstens Kaba selbst und zweitens die schöne Reklame für die Idee wie geschaffen sind.«[45]

Diese so genannten »Mutti-Plakate« wurden noch in den 50er Jahren wieder neu aufgelegt.

42 Hochschulinstitute für Wirtschaftspsychologie brachten in den 20er Jahren eine Fülle von Studien heraus, die Erkenntnisse lieferten zur Erforschung des menschlichen Auffassungsvermögens, über Form- und Farbwirkung bis zur Erkennbarkeit von Schriften. Der Suggestionskraft wurde immer mehr Bedeutung beigemessen. Diese Haltung gipfelte in der Äußerung: »Die Schwächen des Denkens werden zur Stärke der Reklame.« Vgl. Reinhardt, a.a.O., S. 93.

43 Siehe Inserat-Verzeichnis a.a.O., dort auch andere »belauschte« Situationen.

44 Roselius sammelte auch sakrale Kunst. Im Roselius-Haus, dem von ihm selbst konzipierten Museum »nordischer Kunst« in der Böttcherstraße in Bremen, finden sich z.B. mehrere Bildbeispiele der »Maria lactans«, der Milch spendenden Maria. Der Zusammenhang mit Kaba, dem Milchgetränk, lässt sich zumindest in einer humorvoll zu betrachtenden Fußnote herstellen.

45 HAG-Archiv, 1-75-K, Kaba Fotos, Richter an Plantagengesellschaft 2.10.1934.

Das Kaba-Vertriebssystem in den 30er Jahren

Das Getränkepulver wurde zunächst in den Werkanlagen der Kaffee Hag produziert. Kaba Werk II folgte 1938 als moderne Anlage im ehemaligen Gebäude der Ölfabrik Groß-Gerau.[46] Der Kaba-Umsatz, über den lediglich in Einzelfällen Zahlen vorliegen, stieg 1934 gegenüber dem Vorjahr um 75 %; im September 1934 waren im laufenden Geschäftsjahr bereits »1 Million Pfund« des Plantagentranks verkauft worden.[47] Im Folgejahr konnte gar eine Umsatzsteigerung von 85 % verzeichnet werden![48]

Der Aufstieg des Produkts vollzog sich vor dem Hintergrund der nationalsozialistischen Umgestaltung von Politik, Wirtschaft und Gesellschaft seit 1933. In Bezug auf Kaba sind hinsichtlich dieser Veränderungen folgende Aspekte von Bedeutung: Ausländische Rohstoffe, so auch der Kakao, wurden kontingentiert und in Quoten auf die verarbeitende und Halbfabrikate weiterverarbeitende Industrie verteilt sowie Preise und Handelsspannen festgesetzt.[49] Dies kam einer Aufhebung des freien Wettbewerbs gleich. Werbemaßnahmen überwachte der im Oktober 1933 geschaffene »Werberat der deutschen Wirtschaft«[50] u.a. in Hinblick auf »… Verstöße gegen die sittlichen Grundlagen der ‚Volksgemeinschaft‘«[51]. Es erfolgte eine Überarbeitung des Lebensmittelrechts und bereits 1933 erhielt die auf ältere Vorarbeiten zurückgehende erste deutsche Kakaoverordnung ihre Gültigkeit.[52] Kinder und Jugendliche organisierte man in der Hitlerjugend und ihren Untergliederungen, wie die Gesellschaft insgesamt in einer Vielzahl von Massenorganisationen aufging.

Der große und schnelle Erfolg von Kaba ist sicher auch der Tatsache geschuldet, dass das Produkt über das bereits für den Kaffee Hag existierende Vertriebsnetz seinen Weg zu den Verbrauchern fand. Die Vertreter und Reisenden der Kaffee Hag, Bremen standen nun ebenfalls im Dienst der Plantagengesellschaft m.b.H. Bremen[53] und hatten als Kunden sowohl den kleinen Einzelhandel als auch die Großverbraucher im Auge. Koffeinfreier Kaffee und Plantagentrank traten gemeinsam im Rahmen von Messen sowie Ausstellungen auf. Werbung für beide Marken zierte häufig nebeneinander die Schaufenster des Einzelhandels und die Fahrzeuge der Vertreter und Reisenden.[54]

Anfang der 30er Jahre teilte das straff organisierte Vertriebssystem der Kaffee Hag das Deutsche Reich in etwa 100 Bezirke, in denen Vertreter und Reisende mit der Kundenakquisition, -betreuung und teilweisen -belieferung befasst waren.[55] Als Bindeglied zwischen Außen- und Innendienst fungierte für ca. 10-12 Bezirke ein Mitarbeiter der Verkaufsabteilung, der diese als so genannter Gruppenleiter kaufmännisch selbständig betreute. Insgesamt arbeiteten für die Kaffee Hag im Januar 1934 ca. 300 Personen im Außendienst. Die Arbeit sollte »… im gesamten Reich nach grundsätzlichen und einheitlichen Richtlinien

46 ZA Kraft, Kaffee-Handels-A.G., Bremen, 32. Geschäfts-Bericht für das Jahr 1938; ZA Kraft, Kaffee-Handels-A.G., Bremen, Aufsichtsratsprotokoll Nr. 1, 1938, S. 1; ZA Kraft Kaffee-Handels-A.G., Bremen, Aufsichtsratsprotokoll Nr. 2, 1938, S. 2 – Das Gebäude der ehemaligen Ölfabrik Groß-Gerau befand sich direkt neben dem Hag-Gelände. Wilhelm Roselius gibt fälschlicherweise 1936 als Erwerbsjahr der Ölfabrik Groß-Gerau an [Roselius, Niederschrift a.a.O., S. 18]. Im Ausland existierten kleinere Fabriken in der Schweiz, den Niederlanden und in Österreich [ebenda, S. 19].

47 ZA Kraft, Kaffee-Handels-A.G., Aufsichtsratsprotokoll Nr. 3, 1934, S. 2.

48 ZA Kraft, Kaffee-Handels-A.G., Aufsichtsratsprotokoll Nr. 3, 1935, S. 1.

49 Vgl. Anordnung Nr. 8ff. der Wirtschaftlichen Vereinigung der deutschen Süßwarenwirtschaft, in: Verkündungsblatt des Reichsnährstandes 1935 Nr. 116, ausgegeben am 18.12.1935, Heinrich Fincke, Handbuch der Kakaoerzeugnisse, Berlin 1936, S. 521f. u. Matthias Rücker, Wirtschaftswerbung unter dem Nationalsozialismus, Frankfurt a.M. 2000, S. 79.

50 »… Die Aufsicht des Reichs über das gesamte öffentliche sowie private Werbungs-, Anzeigen-, Ausstellungs-, Messe- und Reklamewesen [sollte] durch den Werberat der deutschen Wirtschaft ausgeübt werden« [Rücker a.a.O., S. 103].

51 Rücker a.a.O., S. 176 – » Im Rahmen des ‚wahren‘ Leistungswettbewerbs wurde [...] von der Werbung ‚Achtung vor der Volksgemeinschaft‘, ‚Takt gegenüber den Wettbewerbern‘ und ‚Wahrheit gegenüber den Verbrauchern‘ verlangt« [ebenda.].

52 Verordnung über Kakao und Kakaoerzeugnisse vom 15.7.1933, abgedruckt bei Fincke a.a.O., S. 500ff.

53 Vgl. z.B. Briefkopf Fritz Jähne [ZA Kraft, 316 741]. Mit der Einführung des preisgünstigen koffeinfreien Kaffees »Sanka« im Jahre 1934 in Deutschland vertraten diese Mitarbeiter schließlich drei Marken [vgl. Spang a.a.O., S. 68].

54 Vgl. 1-75-K a.a.O.

55 Die Ausführungen zum Vertriebssystem stützen sich auf Spang a.a.O., S. 35f. sowie das Protokoll der Reisenden- und Gruppenleiter-Konferenz am 3.1.1934 im HAG-Archiv, S. 6 ff. u. S. 12f.

durchgeführt …«[56] werden. Es erfolgte ein täglicher Briefwechsel zwischen Vertretern, Reisenden und der Zentrale in Bremen und Vertreter ebenso wie Reisende dokumentierten außerdem, wie eine Vielzahl an Aufnahmen im HAG-Archiv zeigt, ihre Tätigkeit auch fotografisch.

Neben den bisher erwähnten Herren im Außendienst beschäftigte man für Kaba-Ausschänke so genannte Propagandistinnen. Mit der »Kaba-Kochkiste« ausgerüstet, schenkten sie den Plantagentrank in Kaba-Porzellan auf Ausstellungen, in Kaufmannsläden und an anderen Orten aus.[57] Wohl manch eine Propagandistin bereitete der Plantagengesellschaft Kummer, wenn sie übereifrig das Produkt anpries. So richtete z.B. am 23. November 1934 ein Herr Wagner von der Fachuntergruppe Kakao- und Schokolade-Industrie, dem ehemaligen Verband deutscher Schokolade-Fabrikanten e.V.[58], ein Schreiben an die Plantagengesellschaft, in dem er Nachfolgendes beklagt:

»Aus Mitgliederkreisen wird uns […] mitgeteilt, daß von Ihren Werbern, Propagandisten usw., welche in verschiedenen Geschäften Kochproben veranstalten, bei letzterer Gelegenheit wiederholt – beispielsweise in Sangerhausen – darauf hingewiesen worden sei, daß Kaba ein leicht verdauliches, schokoladeähnliches Getränk sei, welches nicht dick mache und vor allem nicht Kopfschmerzen verursache, <u>wie solches beim Genuß von Kakao recht häufig der Fall sei</u> [Hervorhebung im Original].«[59]

Als vermeintliche Übeltäterin wurde eine Propagandistin identifiziert, die jedoch »nachdrücklichst« bestritt, die zitierte Äußerung gemacht zu haben.[60] Schwerwiegender als der Hinweis auf den Dickmacher und Kopfschmerzverursacher Kakao wog für den Beschwerdeführer etwas Grundsätzliches: die »… Gegenüberstellung des Kaba-Plantagen-Trankes mit Kakaopulver oder Scho-

KABA und Kaffee HAG im Duett. Firmenwagen aus den 30er Jahren.
HAG-Archiv Böttcherstraße GmbH Bremen

koladepulver …«[61]. Juristisch stand hier die Frage nach der Herabsetzung eines Konkurrenzproduktes oder einer Konkurrenzwarengattung zur Debatte.[62] Dies war ein Punkt, mit dem die Fachuntergruppe Kakao- und Schokolade-Industrie die Plantagengesellschaft immer wieder konfrontierte, wie eine Vielzahl von »Beanstandungen« belegt.[63] Es handelt sich um die Fortführung der oben erwähnten Auseinandersetzungen mit dem Verband deutscher Schokolade-Fabrikanten e.V., die im Jahre 1932 zum Prozeß führten.

Zunächst als Kindergetränk eingeführt, ließ die Bewerbung von Kaba als einem gesunden Lebensmittel eine Erweiterung des Verbraucherkreises auf alle diejenigen

56 Protokoll a.a.O., S. 6.

57 Ebenda, S. 20f.; 1-75-K a.a.O.

58 Der Verband der deutschen Schokolade-Fabrikanten e.V., Dresden, ging 1934 in der Fachuntergruppe bzw. Fachabteilung Kakao- und Schokolade-Industrie, Fachgruppe Süßwaren-Industrie, Wirtschaftsgruppe Lebensmittel-Industrie auf [vgl. Fincke a.a.O., S. 518 ff.].

59 ZA Kraft, 310 386.

60 Ebenda, Plantagengesellschaft an Fachuntergruppe Kakao- und Schokolade-Industrie 12.3.1935.

61 Ebenda, Fachuntergruppe Kakao- und Schokolade-Industrie an Plantagengesellschaft 23.11.1934.

62 Ebenda, Nolting-Hauff an Plantagengesellschaft 29.11.1934.

63 Vgl. ZA Kraft 310 386.

zu, die ein leistungssteigerndes Getränk benötigten. Auf der »Zweiten Reichsnährstands-Ausstellung« 1935 in Hamburg wurde Kaba »… für die Schule«, »… für den Sport«, »… für die Arbeitsstätte« und »… für's Haus« angepriesen.[64] Entsprechend war der Plantagentrank in den 30er Jahren vielerorts zu Werbezwecken bei Veranstaltungen präsent: auf der Ausstellung »Haus und Herd« in den »Centralhallen« in Bremen 1932, auf der Ausstellung »Zurück zum Haushalt« in Berlin 1932, beim Sommerfest der NSDAP-Plauen 1933, beim Feldberg-Rennen 1935, im Deutschlandlager Lenggries 1935, beim Sängerfest in Breslau 1937, auf der Ausstellung »Schaffendes Volk« in Düsseldorf 1937 – um nur einige wenige Beispiele zu nennen.[65] Dort ist Kaba teilweise kostenlos, teilweise gegen Bezahlung, kalt oder warm, in Flaschen, Pappbechern, Pappverpackungen (einer Art Tetra Pak)[66], Porzellantassen oder direkt aus Milchkannen unter das Volk gebracht worden.

Molkerei-Bearbeitung

Die Ausgabe des Plantagentranks in Flaschen sowie Pappverpackungen verweist auf das Molkereigeschäft und darüber hinaus mit diesem zusammenhängend auf das Schulmilchfrühstück. Der genaue Umfang dieses Geschäftsbereichs liegt für die Jahre vor und während des Zweiten Weltkriegs zur Zeit noch im Dunkeln. Im Januar 1934 hieß es auf der Reisenden- und Gruppenleiter-Konferenz, die im berühmten Marmorsaal des Kaffee Hag-Gebäudes im Fabrikenhafen tagte:

»Dieses Gebiet [also die Belieferung von Molkereien] liegt uns besonders am Herzen. [...] Unseren Bestrebungen kommt entgegen, dass ganz bewusst [behördlicherseits] eine starke Propaganda entfaltet werden soll für ein

Milchfrühstück oder milchartiges Getränk in den Schulen. [...] / Die endgültige Gestaltung der Milchwirtschaft [nach der nationalsozialistischen Machtübernahme] ist noch nicht abgeschlossen. Auch wie die Belieferung der Schulen durchgeführt wird, ist noch unbestimmt. Für uns heisst es deshalb zunächst, das Interesse der Molkereien für Kaba zu wecken, denn auf die Molkereien werden wir – so oder so – immer angewiesen sein. Deshalb wollen wir erstmal 500 der grössten Molkereien bearbeiten. – Unser Ziel ist weit gesteckt. Wenn wir es nur halbwegs erreichen, werden wir ganz bedeutenden Mehrumsatz haben.«[66a]

Der Ankündigung entsprechend schaltete man im Sommer 1934 zwei Anzeigen in Molkereizeitungen: »Die molkereimäßige Kaba-Verarbeitung« und »Warum ziehen die Verbraucher Kaba vor?« Weitere Aktivitäten auf diesem Gebiet lassen sich dann erst wieder für das Jahr 1936 festmachen.[66b] Es handelt sich hierbei gleichzeitig um die (nach derzeitigem Kenntnisstand) letzte Werbung in Organen der Milchwirtschaft vor den 1950er Jahren. Aber auch in diesem Falle belegen Fotografien, daß die Anstrengungen zur Gewinnung dieses bedeutenden Kundenkreises über das bisher Beschriebene hinausgingen. Ein Bild der bereits erwähnten »Zweiten Reichsnährstands-Ausstellung« 1935 in Hamburg zeigt eine Tafel, welche einen Teil des Ausstellungsstandes als »Fachstand für Molkereien« ausweist.[66c]

Kaba, die Jugend und das Schulmilchfrühstück

»Um der Jugend auf den Reichsparteitagen ein adäquat ähnliches Kakao-Milchgetränk zu bieten, verabredete Generalkonsul ROSELIUS mit [...] der Firma MAUXION [...] eine Aussprache [...]. Die Plantagen-Gesellschaft und MAU-

---

64 1-75-K, Kaba Fotos a.a.O.

65 1-75-K a.a.O.

66 Informationen zum Alter dieser Verpackungsform und zu ihrer Herstellung verdanken wir Hans-Georg Böcher vom Deutschen Verpackungs-Museum in Heidelberg. Dass Kaba in solchen Verpackungen bereits in den 30er Jahren angeboten wurde, ist auf einer Serie von Fotografien der Ausstellung »Schaffendes Volk« 1937 in Düsseldorf zu erkennen [1-75-K, Kaba Fotos a.a.O.]. Einen Hinweis auf die Verwendung des Jagenberg-Patents liefert ebenfalls eine Aufnahme. Diese zeigt eine Jagenberg-Maschine, mittels der Kaba in die entsprechende Verpackung gefüllt wird. Die Fotografie ist 1937 (!) von der Kaffee Hag erworben worden [HAG-Archiv, 1-75, Eigene Fabrik Betr. 1a].

66a HAG-Archiv, Protokoll Reisenden- und Gruppenleiter-Konferenz 3.1.1934, S. 21.

66b HAG-Archiv, Kaba-Inserat-Verzeichnis 1929-1972, 1934, Nr. 65 und 66 sowie 1936, Nr. 110.

66c HAG-Archiv, Fotomappe 1-75-K, Kaba Fotos – Fotografien, die vermutlich in den 1930er-Jahren entstanden sind, zeigen Kaba-Verarbeitung in einer Molkerei [HAG-Archiv, grüner Kasten HAG – Innenaufnahmen].

XION wurden darauf mit ihren Kakao- und Milchgetränken für die Verpflegung der Jugend auf den Parteitagen eingesetzt, wodurch KABA sehr weit bekannt wurde und auch Eingang in das Schulmilch-Frühstück fand [Hervorhebungen im Original].«[67]

Leider sind zur Zeit keine weiteren Hinweise auf die Zusammenarbeit zwischen der damals in Saalfeld ansässigen Schokoladenfabrik Mauxion und der Plantagengesellschaft bekannt.[68] Hingegen existiert eine Quelle, welche die Angabe von Wilhelm Roselius in Bezug auf die »Verpflegung der Jugend« im Rahmen der Reichsparteitage bestätigen könnte. Der »Hilfszug Bayern«, der für die Versorgung der Besucher auf den Parteitagen in Nürnberg zuständig war, bestellte bei der Plantagengesellschaft am 1. September 1936 »1.050 kg Kaba R.M. Spezialmischung« – eine Menge, mit der man bei Verwendung von normalem Kaba-Pulver ca. 21 000 Liter Plantagentrank zubereiten konnte. Die Ware sollte am 8. September 1936, dem Beginn des Reichsparteitages, in Nürnberg bei der »Bayrischen Milchversorgung« eintreffen.[69] Auf dem Parteitag des Vorjahres, das belegen Fotografien, war Kaba mit Stand und Personal vertreten.[70]

Sicher ist, dass das Unternehmen sich über die NS-Jugendorganisationen an eine der Zielgruppen seines Markenartikels wandte. Zum Beispiel erfolgte beim Gebietstreffen der Hitler-Jugend in Bremen am 26. und 27. August 1933 die Ausgabe von Kaba für 1500 Kinder.[71] In »Die Fanfare«, einer Illustrierten der HJ, warb man 1934 mit »Zum Abkochen und für die Feldflasche gibt's nichts Besseres als Kaba«.[72] Die NSDAP-Reichsjugendführung bestätigt der Plantagengesellschaft am 10. Juni 1936: »... dass sie am 1. Reichsführerlager in Braunschweig einen kosten-

losen Versuch mit ihrem Kaba-Getränk vorgenommen hat. [...] Die Arbeitsküche [welche für die Zubereitung des Plantagentranks vornahm] sowie die Lagerbesatzung bezeichneten Kaba als sehr bekömmlich und schmackhaft, so dass es von uns weiter empfohlen werden kann.«[73]

Auch hinsichtlich der Schulen war man äußerst rührig. Die Mitarbeiter des Außendienstes taten sich in diesem Bereich in einer Weise hervor, dass sich der Präsident des Werberates der deutschen Wirtschaft mit Sitz in Berlin dazu veranlasst sah, einzugreifen. Unter dem Datum des 9. September 1935 schreibt er an die Plantagengesellschaft:

»Wie mir mitgeteilt wird, versuchen Sie durch direkte Werbung in den Schulen Abnehmer für ‚Kaba‘ zu gewinnen. Es wird behauptet, dass Sie sich an Schulleiter, Lehrer und Kinder wenden, um für den Bezug von ‚Kaba‘ zu werben. / Sollten diese Angaben zutreffen, so mache ich, Sie darauf aufmerksam, dass die Werbung [...] unter keinen Umständen in die Schule selbst hineingetragen und die Schule zum Tummelplatz eines wirtschaftlichen Wettbewerbskampfes gemacht werden darf.«[74]

In dem Brief ergeht die Aufforderung, sich in Zukunft mit Werbemaßnahmen auf die Molkereien und Schulbehörden zu beschränken. Der in Berlin tätige Mitarbeiter des Unternehmens, Julius Berdux, erhielt daraufhin den Auftrag, sich »... mit der zuständigen Stelle auseinanderzusetzen«. »Der Reklamationsbrief betrifft Fälle der Kaba-Werbung in Mecklenburg und in Breslau, wo angeblich Schulkinder mit Kaba-Fähnchen und -Mützen ausgestattet worden sind«, meldete Berdux im Anschluss an seinen Besuch beim Werberat nach Bremen. Eine vorsichtige Anfrage seitens des Mitarbeiters der Plantagengesell-

67 Roselius, Niederschrift a.a.O., S. 19.

68 Dr. Dirk Henning vom Stadtmuseum Saalfeld und Almut Wagner von der Thüringer Schokoladewerk Beteiligungsgesellschaft m.b.H. Saalfeld danken wir für Auskünfte und den Versuch, in Saalfelder Quellen weitere Hinweise zur Zusammenarbeit der beiden Firmen zu finden.

69 ZA Kraft, 317 043, Bestellschein Hilfszug Bayern an Plantagengesellschaft 1.9.1936; Museen der Stadt Nürnberg (Hrsg.), Faszination und Gewalt. Dokumentationszentrum Reichsparteitagsgelände, Nürnberg o.J., S. 27 u. 58 – Nach einem Werbeschild »Wie wird Kaba der Plantagentrank richtig zubereitet?« [HAG-Archiv, 1-11-K, Plakate, Affichen, Transparente Kaba] benötigte man bei Verwendung des normalen Kaba für 100 Liter Plantagentrank 5-6 Kilogramm Pulver.

70 1-75-K, Kaba Fotos a.a.O.

71 Ebenda – Am genannten Ort finden sich weitere Beispiele.

72 Inserat-Verzeichnis a.a.O., 1934, Nr. 49.

73 ZA Kraft, 317 043.

74 Ebenda.

schaft bei dieser Gelegenheit, die kostenlosen Ausschänke in Mittel- und höheren Schulen betreffend, wurde »… günstiger […] [beurteilt], obwohl […] die Zulässigkeit der hiermit verbundenen Werbemassnahmen noch umstritten ist.«[75] Fort- und Ausgang der Verhandlungen lassen sich in der Akte nicht weiter nachvollziehen. Ungefähr ein Jahr später erreichte die Gesellschaft erneut in ähnlicher Sache ein harsches Schreiben des Präsidenten des Werberates, in welchem der oben zitierte Brief als »Verfügung« bezeichnet wird, die von dem Bremer Unternehmen nicht beachtet wurde.[76] Auch hier sind die weiteren Vorgänge zur Zeit unbekannt.

Der vorläufige Niedergang

Orientiert man sich an dem erhalten gebliebenen Kaba-Inserat-Verzeichnis für die Jahre 1929-1972, dann hört die Anzeigenwerbung für den Plantagentrank in Drogistenzeitungen, Hausfrauenillustrierten, Tageszeitungen usw. im Frühjahr 1937 auf.[77] Die Rundfunkwerbung für Kaba, die man spätestens seit 1932 betrieb und bei der vermutlich »Kaba, Kaba hält dich gesund«, nach der Melodie von »Kuckuck, Kuckuck ruft's aus dem Wald« erklang, musste bereits ein Jahr vorher eingestellt werden.[78] Der »Reichsminister für Volksaufklärung und Propaganda«, Joseph Goebbels, verbot zum 1. Januar 1936 die Rundfunkwerbung, »… das bis dahin modernste Werbemedium in Deutschland [wurde] untersagt«.[79]

Die Produktion des Plantagentranks dauerte zunächst auch während des Zweiten Weltkriegs an. Im Jahre 1940 wurde die Plantagengesellschaft allerdings in Bezug auf die Zielgruppe ihres Produkts wieder auf ihren Ausgangspunkt zurückgeworfen: Kaba konnte nur noch für Kinder und zwar auf Lebensmittelkarten bezogen werden.[80] Außerdem stellte man das Pulver für den Trank in einer veränderten Zusammensetzung als »Kaba 2« her. Das heißt, Kaba wurde ohne Rüben- und Rohrzucker sowie unter Verwendung des nach eigenem Verfahren gewonnenen Streckungsmittels DEROG, eines Roggenaufschlussmehls, produziert.[81] Aufgrund der desolaten Rohstofflage erfolgte am 1. Januar 1943 jedoch schließlich der Produktionsstopp.[82]

»Jetzt wieder Kaba den Plantagentrank«

Am 20. Juni 1948 war durch die Währungsreform in den drei Westzonen die Reichsmark durch die Deutsche Mark abgelöst worden. Einhergehend mit der Reform des Geldes begann der allmähliche Abbau der Bewirtschaftung, also der Rationierung von Gütern sowie Rohstoffen.[83] Im Mai 1949 wurde die Bundesrepublik gegründet. Noch vor Kaffee Hag, dem entkoffeinierten Kaffee, brachte man im Juli 1949 Kaba in Westdeutschland wieder auf den Markt[84] und hoffte, an alte Erfolge anknüpfen zu können. Voraussetzung für die Produktionsaufnahme waren die Freigabe von Kakaopulver und die Beseitigung von Kriegsschäden an der Betriebsstätte gewesen.[85] Das Getränkepulver kam unter Verwendung des alten Verpackungsmusters und in

75 Ebenda, Doppelbrief Berdux – Plantagengesellschaft 12. u. 13.9.1935 – Berdux wurde ausdrücklich darauf hingewiesen, »… die ganze Angelegenheit ausschließlich als von der Plantagen-Gesellschaft ausgehend …« zu behandeln. »Wir möchten nicht, dass bei dem Werberat die Plantagen-Gesellschaft mit der Kaffee HAG identifiziert wird« [ebenda].

76 ZA Kraft, 317 043, Werberat an Plantagengesellschaft 19(?).10.1936 – Für weitere Auseinandersetzungen mit dem Werberat, s. ZA Kraft 317 043, zur sprachlichen Fassung der Anordnungen des Werberats s. Rücker a.a.O., S. 146f.

77 Inserat-Verzeichnis a.a.O.

78 Vgl. Prospekt Einzelhandel, Kaba in ganz Deutschland, a.a.O. u. ZA Kraft, 569 466, Aktennotiz Werbe-Abteilung 12.3.1962.

79 Rücker a.a.O., S. 252, vgl. Reinhardt a.a.O., S. 366 ff.

80 ZA Kraft, Kaffee Hag A.G., 34. Geschäfts-Bericht für das Jahr 1940.

81 ZA Kraft, Kaffee Hag A.G., Aufsichtsratprotokoll Nr. 1 1940, S. 2 – DEROG versuchte man »… als Streckstoff für kakaopulverhaltige Mischungen auch an Schokoladefabriken zu verkaufen« [ebenda]. 1942 hatte die Plantagengesellschaft dann auch Schwierigkeiten, Dextrose für Kaba zu erhalten [ZA Kraft Kaffee Hag A.G., Aufsichtsratprotokoll Nr. 1 1942, S. 1]. Vgl. auch Roselius, Niederschrift a.a.O., S. 19 u. 21.

82 ZA Kraft, Kaffee Hag A.G., Aufsichtsratprotokoll Nr. 1 1943, S. 2.

83 Wolfgang Benz, Die Gründung der Bundesrepublik. Von der Bizone zum souveränen Staat, München 1986 (2. Auflage), S. 81 ff.

84 ZA Kraft, 576 272, Kaffee Hag A.G., Geschäftsbericht 1949, S. 3 u. 8 – Bei Spang [a.a.O., S. 81] heißt es fälschlicherweise, die Produktionsaufnahme von Kaba sei erst im Jahre 1950 erfolgt.

85 Geschäftsbericht 1949 a.a.O., S. 8, 38f. u. 45 ff. – Vgl. auch Renate Hauschildt-Thiessen: Rohkakaohandel in Hamburg 1911-1986. Verein der am Rohkakaohandel beteiligten Firmen e.V., Hamburg o.J. (1986), S. 68 u. 71.

den alten Packungsgrößen auf den Markt – es wurde zunächst noch erhaltenes Verpackungsmaterial benutzt. Die Wiedereinführung von Kaba bewarb man mit »Jetzt wieder Kaba den Plantagentrank« – Streifenplakaten und dem, wie es intern hieß, »Mutti-Pros-pekt«.[86] Letzteren hatte die Werbeabteilung mit neuem Titelbild ausgestattet »… aber bewußt an den alten […] angelehnt.«[87] Es wurde mithin an die Vorkriegszeit angeknüpft – und tatsächlich: »Die Kundschaft erinnerte sich noch gut an KABA …«[88]

Kaum auf dem Markt mit ihrem Artikel, sah sich die Plantagengesellschaft allerdings mit einem Problem konfrontiert, das sie auch noch in den Folgejahren immer wieder beschäftigen sollte. Mischte die Hausfrau, die in jenen Tagen in aller Regel äußerst knapp bei Kasse war, Zucker mit Kakaopulver und bereitete daraus ein Getränk, dann zahlte sie 1949 für den Schokoladengenuss lediglich die Hälfte dessen, was sie für Kaba hätte aufwenden müssen.[89] Entsprechend beeinflussten Kakao- und Zuckerangebot in den Zeiten des Neuanfangs den Kaba-Umsatz. Mangelte es an einer dieser Waren, stieg die Verkaufsmenge. Selbst die Molkereien standen den privaten Verbrauchern in nichts nach. Auch sie verarbeiteten aus Kostengründen eher Kakao und Zucker – oder die günstigeren Produkte der Konkurrenz. Trotz alledem zählten im Jahre 1951 bereits 212 Molkereien zur Kaba-Kundschaft.[90] Vor diesem Hintergrund formulierte man schon im ersten vertraulichen Geschäftsbericht: »… daß das Geschäft bei der Geldknappheit weitester Kreise nicht annähernd im früheren Stil ausgebaut werden kann, es sei denn, daß die gesundheitlichen Vorzüge von KABA durch eine starke Werbung wieder einem großen Verbraucherkreis eingehämmert werden.«[91] Zielgruppe der Werbemaßnahmen

waren, so heißt es ein Jahr später: »… wie vor dem Kriege, bevorzugt Mütter und Kinder, daneben aber auch […] arbeitende[n] Menschen …«[92]

Es ging stetig aufwärts mit dem Plantagentrank. Im Jahre 1955 kam es zum Bruch mit der Vorkriegszeit. Kaba erhielt ein neues Design, da die Verpackungen, so der damalige Geschäftsbericht, »… den ästhetischen und formalen Anforderungen, die heute an eine Markenpackung gestellt werden, nicht mehr genügen«. Seit 1932 hatte sich das Packungsäußere – bis auf Details – nicht verändert. Jetzt wurde »Miß Germany 1930« ersetzt durch das abgewandelte »… Atollzeichen […], dessen Palmen mit einer weißen Tasse auf hellgelbem Grunde kombiniert wurden«.[93]

Das Geschäftsjahr 1955 ist zur Zeit das letzte Jahr, für das ein »Interner Jahresbericht« der Hag Aktiengesellschaft Bremen vorliegt. Ein Blick auf die dort beschriebene Arbeit der Werbeabteilung sowie den Kaba-Umsatz macht deutlich, in welchem Maße die Werbung im Vergleich zu den bescheidenen Anfängen 1949 und parallel dazu die Verkaufsmenge zugenommen hatten. Im Geschäftsjahr 1949 betrug der Kaba-Umsatz 226 245 kg, 1955 lag er mit 2 063 968 kg bei der fast zehnfachen Menge.[94] Im Geschäftsjahr 1952 wurden 236 149 DM in die Bewerbung des Artikels investiert, drei Jahre später betrug die entsprechende Summe bereits 968 000 DM.[95] Diese Bemühungen führten dazu, dass die Hag behaupten konnte: »In vielen Familien ist KABA dank seinem Wohlgeschmack und seinen gesundheitlichen Vorzügen heute das tägliche Frühstücksgetränk.«[96]

Auch in unseren Tagen braucht man auf den Genuss von Kaba nicht zu verzichten.

86 Vgl. Geschäftsbericht 1949 a.a.O., S. 17.

87 Ebenda, S. 17.

88 Ebenda, S. 8.

89 Ebenda. – Die Bewirtschaftung von Zucker wurde erst im April 1950 aufgehoben [Benz a.a.O., S. 90].

90 ZA Kraft, 576 315, Hag A.G., Interner Jahresbericht 1951, S. 56f.

91 Geschäftsbericht 1949 a.a.O., S. 8.

92 Jahresbericht 1951 a.a.O., S. 45 – 1951 wurden die Produkte der Plantagengesellschaft von der Hag A.G. übernommen [ebenda, S. 43].

93 Jahresbericht 1955 a.a.O., S. 52f.

94 Geschäftsbericht 1949 a.a.O., S. 8; Jahresbericht 1955 a.a.O., S. 63.

95 ZA Kraft 576 333, Hag A.G., Interner Jahresbericht 1952, S. 42; Jahresbericht 1955 a.a.O., S. 51 – Die Auswahl der beiden Jahre ergibt sich aus den ältesten und den jüngsten Angaben, die uns zur Verfügung standen.

96 Jahresbericht 1955 a.a.O., S. 52.

Pralinen

Die Passion des ambitionierten Chocolatiers

Handgefertigte Pralinen aus dem Atelier des Chocolatiers sind wie Kleinode, Juwelen von außergewöhnlichem, fein abgestimmtem Geschmack, cremig die Füllung, knackig die umgebende Schokolade, eine Explosion der Sinne, die den Genießer sofort zur zweiten Köstlichkeit greifen lässt. Diese Kreationen, deren Rezepturen oft streng geheim gehalten werden, sind einzigartig und beschreiben die Philosophie des »Schokoladenschaffenden« meist besser als viele Worte.

Eine gelungene Praline wird aus exzellenten Zutaten mit viel Kreativität komponiert, wobei auch eine gute Portion Fachwissen, Präzision des Arbeitens, Sensibilität und Experimentierfreudigkeit notwendig sind. Nur so kann eine Praline entstehen, wie sie Peter Hauptmeier fertigt. Dabei ist kaum eine Köstlichkeit mit der anderen vergleichbar: Ist die erste knackig mit herrlich frischen Nüssen und weißer Kuvertüre ummantelt, so kommt die zweite im Gewande 70-prozentiger Zartbitterkuvertüre mit dem cremigen Schmelz der Karamelle daher, und die dritte überzeugt durch die Frische der Orangenfüllung, unterstützt durch die Vollmilch-Orangen-Kuvertüre, die sie umgibt. Man muss sie alle probieren, um eigene Vorlieben festzustellen.

Schön ist es zu wissen, dass diese kleinen Schokoladen-Kunstwerke wirklich noch von Hand gefertigt werden. Für jedes einzelne Stück wird die Kuvertüre, vielleicht die wichtigste Zutat, temperiert verarbeitet, jede Praline wird einzeln gegossen, geformt, gefüllt. Es ist ein Stück liebevoller Handarbeit, die wir genießen dürfen, und deshalb können wir beim Chocolatier auch ein Tütchen unserer Lieblingspralinen zusammenstellen lassen, um einem lieben Freund einen besonderen Genuss zu schenken oder im Stillen selbst zu genießen.

Die Geschichte des braunen Goldes

Die Geschichte der Praline ist untrennbar mit der des Kakaos verbunden. Schon vor 3000 Jahren war der Kakaobaum in Mittelamerika heimisch. Die botanische Bezeichnung dieses Baumes »Theobroma Cacao« heißt übersetzt »Speise der Götter«. Die Mayas nutzten das Getränk Xocoatl schon 600 Jahre vor Christus als Heiltrank und für religiöse Zeremonien. Kolumbus brachte die ersten Kakaobohnen nach Europa, aber niemand wusste etwas damit anzufangen.

Erst als Montezuma den Eroberer Cortes mit einem heißen Schokoladentrunk empfing und Cortes sowohl das Rezept als auch die Zutaten mitbrachte, begann der Siegeszug der Schokolade in Europa. Anfangs nur Adeligen vorbehalten, wurden Anfang des 18. Jahrhunderts die ersten Schokoladenhäuser eröffnet. Insbesondere Ludwig XIV. brachte diesen Luxusartikel zu Ruhm und Ehre. Mitte des 18. Jahrhunderts wurden die ersten Konfekte aus Marzipan, Früchten, Nugat, Weinbrand und Zuckermasse mit Schokolade überzogen: Das war die Geburtsstunde der Praline.

Valrhona – die Schokolade der Genießer

Wer Peter Hauptmeier fragt, mit welcher Schokolade (der Kenner nennt sie meist Kuvertüre) er arbeitet, wird prompt die Antwort »Valrhona« erhalten. Valrhona ist eine kleine Schokoladen-Manufaktur im Rhône-Tal, und eigentlich könnte man sagen »Kult«. Hier wird jede ein-

zelne Sorte aus feinsten Kakaosorten verschiedener Herkünfte zusammengestellt, und allein die Sorte »Guanaja«, eine 70-prozentige Kuvertüre, wird aus sechs Kakaosorten verschiedener Herkunft mit höchsten Qualitätsansprüchen zusammengestellt. Peter Hauptmeier verlässt sich jedoch nicht auf Informationen aus zweiter Hand; er war selbst dort, um sich alles anzusehen und noch mehr Informationen zu sammeln. Allein der Fachmann, der sich mit solcher Liebe und Hingabe seinen Zutaten widmet, kann daraus auch Köstlichkeiten zaubern, die uns dahinschmelzen lassen.

Nicht nur ein Augenschmaus: Eine von vielen verführerischen Kompositionen aus der schöpferischen Schokoladenküche des Peter Hauptmeier.

Katerina Vatsella

Kulturgeschichte aus der Tasse

»Tee kommt mir vor wie Heu und Mist, Kaffee wie Russ und Feigbohnen und Schokolade ist mir zu süß, kann also keines leiden. Schokolade tut mir weh im Magen. Was ich aber wohl essen möchte, wäre eine gute Kalteschale oder eine gute Biersuppe, das tut mir nicht weh im Magen.«

Dieser vernichtende Kommentar stammt von Elisabeth Charlotte von der Pfalz, populär Liselotte von der Pfalz genannt. Sie heiratete 1671 Herzog Philip I. von Orléans, den Bruder Ludwigs XIV., und kam so an den Hof von Versailles. In ihren Briefen nach Deutschland schilderte sie über mehrere Jahre das Leben am Hof und beklagte sich oft über die verschiedenen dortigen Modeerscheinungen. Eine davon war zu jener Zeit der Genuss der drei erwähnten Getränke, die sie als »frembt Zeug« abtat.

Die drei Heißgetränke Tee, Kaffee und Schokolade kamen im 17. und 18. Jahrhundert nach Europa und bewirkten eine entscheidende Wende in der Geschichte der Trinksitten der Europäer. Der oben zitierte Spruch der Liselotte von der Pfalz widerspiegelt die Meinung eines großen Teils der Gesellschaft in der zweiten Hälfte des 17. Jahrhunderts. Denn der Geschmacksinn der Menschen war ganz auf alkoholische Getränke ausgerichtet, allen voran auf Bier, das u.a. auch eine wichtige Ernährungsfunktion hatte. So bestand das Frühstück in der Regel aus Biersuppe, eine Sitte, die in ländlichen Gegenden Deutschlands sogar bis gegen Ende des 18. Jahrhunderts weitergepflegt wurde.

Trotz ihrer Unterschiede hatten Tee, Kaffee und Schokolade, die in verhältnismäßig geringem zeitlichen Abstand aus Asien, aus Afrika und aus Amerika in Europa eintrafen, einiges gemeinsam: Sie stammten aus exotischen Ländern, galten zunächst wegen ihrer angeblichen Heilwirkung gegen allerlei Beschwerden als Arzneimittel, sie wurden heiß serviert und getrunken und entwickelten sich erst zu weit verbreiteten Genussmitteln, nachdem sie als teure Luxusgetränke privilegierter Oberschichten Mode wurden. Als erstes der drei Heißgetränke erreichte die Schokolade Europa schon im 16. Jahrhundert. Die erste Teesendung aus China traf in Holland 1610 ein, der erste Rohkaffee 1637. Doch Hernan Cortez, der 1519 einen Teil Mexikos eroberte, brachte schon 1528 den ersten Kakao und Geräte für dessen Zubereitung mit nach Europa. Allerdings dauerte es noch eine Zeit, bis man sich an den Geschmack des neuen Getränks gewöhnte. Denn zuerst wurde es nach mexikanischer Art zubereitet, nämlich gemischt mit Pfeffer, Mais und vielen Gewürzen. In Spanien wurde das bittere Getränk erstmals mit Zucker verfeinert. Gehandelt wurde die Schokolade im 17. und 18. Jahrhundert in fester Form, abgepackt in Tafeln und Blöcken, doch genossen wurde sie bis ins 19. Jh. immer in flüssiger Form, aufgelöst in heißem Wasser oder Milch, gelegentlich aber auch mit Wein vermengt.

Da Spanien das Handelsmonopol mit der Neuen Welt hatte, blieb die Schokolade zunächst eine exklusive spanische Angelegenheit. Am Madrider Hof wurde sie eine Art Statussymbol und damit Teil des spanischen Hofstils, der im 17. Jahrhundert in Europa tonangebend war, bis er gegen Ende des Jahrhunderts in dieser Funktion von Versailles abgelöst wurde. Im Jahre 1615 heiratete die in Madrid aufgewachsene Anna von Österreich Ludwig XIII. Mit ihr kam auch die Schokolade an den französischen Hof und wurde zum Getränk der europäischen Aristokratie. Man trank sie vor allem zum Frühstück, oft noch im Bett. Und der Sohn Liselottes von der Pfalz, Philip von Orléans, der im Gegensatz zu seiner Mutter die Schokolade sehr schätzte, machte sogar ein Hofzeremoniell daraus: Ein Kreis von geladenen Gästen durfte dabei sein, wenn er morgens zum Frühstück seine Schokolade trank – das nannte man »zur Schokolade zugelassen zu sein«.

Bis zum Einführen der Heißgetränke kannten die Europäer praktisch nur kalte Getränke als Genussmittel: Milch,

Most, aber vor allem alkoholische Getränke, Wein und Bier. Die Servier- oder Trinkgefäße dafür waren in der Regel aus Glas, Zinn oder Silber. Doch nun war nicht leitendes, hitzebeständiges Material erforderlich, denn wegen der Hitze konnte das Glas zerspringen oder man verbrannte sich am Metallbecher die Finger oder die Lippen. Und dickwandige Keramik eignete sich wenig für die kostbaren Getränke. Schon früh wurde deshalb für diese Getränke Porzellan verwendet, das seit dem beginnenden 17. Jahrhundert in immer größeren Mengen und Qualitäten aus Asien importiert wurde – von billigen Erzeugnissen, die als Ballast mitgeführt wurden, bis zum kostbarsten Geschirr für die begüterte Oberschicht.

Die Entwicklung der heute selbstverständlichen Gefäßformen wurde vor allem von zwei Faktoren beeinflusst: von den Trinkgewohnheiten bzw. den funktionalen Anforderungen an die Form einerseits und von der allgemeinen Stilentwicklung durch die verschiedenen Epochen vom Spätbarock bis zur Gegenwart andererseits.

Da die Chinesen das Herstellungsgeheimnis des Porzellans nicht preisgaben, bemühte man sich in Europa, das begehrte Material ebenfalls zu erfinden. So gaben die Heißgetränke der Entwicklung der Porzellanherstellung, eines wichtigen europäischen Wirtschaftszweiges der Neuzeit, entscheidende Impulse. 1708/09 gelang erstmals die Herstellung des sog. »weißen Goldes« und 1710 wurde Meißen als erste Manufaktur auf europäischem Boden gegründet. Zahlreiche Manufakturgründungen folgten und die Herstellung von Services für die drei Getränke gehörte zu den wichtigsten Aufträgen.

Für jedes Getränk bildeten sich im Laufe der Zeit spezielle Kannen- und Tassentypen heraus. Die bauchige, runde Kannenform für den Tee wurde vom chinesischen Vorbild übernommen, ebenso die Form der ersten henkellosen Tasse, des sog. Koppchens. Die Untertasse und der Henkel an der Tasse ist eine europäische Zutat, die schmälere, höhere Form der Kaffeekanne und der Schokoladenkanne eine europäische Gestaltung.

Die Kanne

Am Anfang unterschieden sich die Formen der Tee-, Kaffee- oder Schokoladenkanne nicht voneinander. Aus Silber, Messing, Kupfer oder Zinn hergestellt, waren gegen Ende des 17. Jahrhunderts die Kannen zunächst konisch mit steiler runder oder polygonaler Wandung. Oft experimentierte man damals mit Formen – davon zeugen viele Beispiele von chinesischen Porzellanvasen, die durch Hinzufügung von silbernen Ausgüssen und Henkeln zu Kannen umfunktioniert wurden.

Erst nach der Erfindung des Porzellans und dem Beginn der Herstellung von Geschirr in Meißen entwickelten sich

Schokoladenkanne, Meißner Porzellan, um 1735, Amsterdam, Rijksmuseum.

die Kannen unterschiedlich. Die Kaffeekanne hat meist eine steile, gerade oder leicht bauchige, nach oben sich verengende Form, mit einem meist hoch sitzenden Ausguss, damit der Kaffeesatz beim Einschenken nicht in die Tasse gelangt. Die Teekanne hat eine runde, bauchige Gestalt, ist eher breit als hoch und geht auf chinesische Vorbilder zurück.

Die Schokoladenkanne glich von Anfang an der Kaffeekanne, war jedoch meist etwas gedrungener in den Proportionen. Doch gibt es auch einige besondere Merkmale, die sie voneinander unterscheiden. Schokolade wurde bis in die zweite Hälfte des 18. Jahrhunderts schaumig gerührt. Das geschah durch einen Quirl, der dafür sorgte, dass die

Schokoladen-Kanne, Silber, Meister Johann Christian Reich, um 1750, Galerie Kunsthandel Neuse, Bremen.

Schokolade nicht eindickte. Das Quirlen erforderte eine Öffnung im Deckel der Kanne, durch die der Stiel des Quirls herausragte und gedreht wurde. Diese Öffnung wurde durch einen Knopf geschlossen, der darüber geschoben werden konnte, und ist für die frühen Schokoladenkannen bezeichnend. Bei geschlossener Öffnung konnte die Kanne übrigens auch für Kaffee genutzt werden.

Ebenso bezeichnend für sie ist auch der häufige seitliche Griff anstelle eines Henkels (Abb. S. 75). Viele Schokoladenkannen standen auf drei Füßen, um Platz für ein Rechaud zu lassen, dessen Flamme die Schokolade flüssig halten sollte. Diese Geräte haben meist anstelle eines Henkels einen abstehenden Griff, der einen gewissen Abstand von der Flamme gewährleistete. Der seitliche Griff wurde jedoch auch für Schokoladenkannen ohne Füße verwendet, die meistens eine zylindrische Form hatten, und wurde so zu einem typischen Merkmal davon.

Für die Mitte des 18. Jahrhunderts ist bei silbernen Schokoladenkannen eine weitere Eigenart auffällig. Im Gegensatz zu Kaffeekannen sitzt bei ihnen das Scharnier des Deckels nicht direkt über dem Henkel, sondern bildet dazu und zum Ausguss einen Winkel von 90 Grad. So z. B. bei einer schlesischen Schokoladenkanne des Meisters Johann Christian Reich von ca. 1750 (Abb. links).

Die Tasse

Die Tasse für die Schokolade war von Beginn an größer, hatte eine steile, hohe Form und bis zum Ende des 18. Jahrhunderts meistens zwei Henkel, in Anlehnung an die ursprünglichen Trinkgefäße aus präkolumbianischer Zeit. Diese waren oft aus Kokosnüssen hergestellt, standen auf einem runden Fuß und hatten zwei Metallhenkel. Ihre hohe Form war durch die Schaumbildung bedingt. Sie unterschied sich dadurch von der Kaffee- oder der Teetasse, die zuerst dieselbe kleine, runde Tassenform hatten, bevor sich im Laufe der Zeit eine höhere, steilere Form für die Kaffeetasse entwickelte und eine breitere, ausladende Wandung für die Teetasse.

Es gab aber auch oft Schokoladetassen mit einem Henkel oder hohe Becher ohne Henkel. Besonders im Biedermeier und im 19. Jahrhundert überhaupt näherte sich die Schokoladen- der Kaffeetasse. Heute ist es allerdings immer noch verbreitet, im Café die Trinkschokolade in höheren Tassen zu servieren, als dies bei Kaffee der Fall ist. Um ein schnelles Erkalten der Schokolade zu vermeiden, wurden gelegentlich Tassen mit Deckel hergestellt.

Im 18. Jahrhundert waren kleine Service üblich, das Solitaire für eine Person und das Tête-à-tête oder Déjeuner, ein Gedeck für zwei Personen. Sie gab es sowohl für Tee als auch für Kaffee und seltener für Schokolade. Manchmal trank man die Schokolade aus besonders großen Tassen, wie es beispielsweise von Goethe verbürgt ist. Er pflegte täglich Schokolade, aber auch Weinschaum aus einer übergroßen Tasse mit hoher Untertasse der Berliner Manufaktur zu trinken.

In der Trembleuse, einer Tassen-Sonderform, wurde in der Regel Schokolade serviert. Sie war für zittrige Hände alter oder kranker Menschen bestimmt oder für solche, vor allem vornehme, Kreise, die einfach das Getränk im Bett genießen wollten. Bei der Trembleuse wird die Tasse in einen auf der Untertasse angebrachten Ring aus Porzellan oder Metall eingesetzt, wie auf dem berühmten Bild von Jean-Etienne Liotard »Das Schokoladenmädchen« von 1745 zu sehen ist oder auch bei einer Trembleuse von KPM, um 1765 (siehe Abb. rechts). Oder aber in eine Vertiefung des Spiegels der Untertasse, wie das Beispiel einer vergoldeten Trembleuse mit einer zylindrischen, leicht ausladenden Tasse aus Höchster Porzellan von 1775-1780 zeigt, mit Darstellungen einer Wöchnerin mit Kind, der Schokolade im Bett gereicht wird.

Schokolade war das teuerste der drei Heißgetränke und deshalb waren die Tassen und Kannen für die anspruchsvollen Abnehmer oft besonders kostbar in Herstellung und Dekor. Aus diesem Grund wurde aber auch generell weniger Geschirr für Schokolade hergestellt als für Tee oder Kaffee, die erschwinglicher waren und stärker verbreitet. So kommt unter den Silberkannen aus dem 18. Jahrhundert etwa eine Schokoladenkanne auf zehn Kaffeekannen. Seit dem 19. Jahrhundert, nachdem durch das Entfetten des Kakaopulvers das Getränk flüssiger geworden und der Quirl nicht mehr nötig war, näherten sich die

Formen der Kaffee- und der Schokoladenkanne allmählich und können nicht mehr ohne weiteres eindeutig zugeordnet werden.

Durch die drei Heißgetränke veränderten sich die Trinksitten der Europäer – das Frühstück, wie wir es heute kennen, kam auf, neue Formen des gesellschaftlichen Zusammenseins wie das Treffen im Kaffeehaus oder das Kaffeekränzchen bildeten sich, der Alkoholkonsum ging zurück. Dass alle drei Getränke trotz ihrer Unterschiede als Einheit gesehen wurden, zeigt der Ausspruch von Honoré de Balzac, der in seinem Werk »Gesetzbuch für anständige Menschen« in der ersten Hälfte des 19. Jahrhunderts im Kapitel über den »Kolonialwarenhändler« sagt: »Aus der Kolonialwarenhandlung … geht eine wunderbare, eine phänomenale Triplizität hervor, beziehungsweise eine himmlische Trilogie […] und diese Trilogie, diese Triplizität, dieses Dreieck, dieses Delta, sind der Tee, der Kaffee und die Schokolade, eine dreifache Zutat des modernen Frühstücks, eine Quelle aller Genüsse vor dem Mittagessen!«

Schokoladentasse und Unterschale (Trembleuse), KPM, um 1765.

Katerina Vatsella

Kleine Chronik der Sammlung

Stanislav Kramsky, Prag

Im Jahre 1964 bekam Stanislav Kramsky als Zwölfjähriger von seinem Vater von einer Reise nach Deutschland eine Tafel Sprengel und eine Tafel Suchard Schokolade mitgebracht. Die Verpackungen dieser beiden Schokoladen bildeten den Grundstein seiner Sammlung. 1968 begann er Briefe an verschiedene Hersteller zu schreiben, mit der Bitte um Zusendung von Verpackungen. Die erste Antwort kam aus England, von Cadbury – zwei Jahre später waren es schon 8.000 Verpackungen, die Kramsky besaß. Er begann mit zwei englischen Bekannten zu tauschen und lernte in der ehemaligen Tschechoslowakei mehrere andere Sammler kennen. Im Jahre 1975 war seine Sammlung auf 20.000 Verpackungen gewachsen. Stanislav Kramsky war der größte tschechische Sammler und Mitglied des »Hobbyclubs der Kuriositäten« in Prag, der zweimal im Jahr Tauschbörsen veranstaltet. Die Sammlung wuchs, 1980 waren es schon 34.000 Verpackungen, Schachteln und Dosen von Kakao, Schokolade oder Pralinen aus der ganzen Welt: von 1350 Firmen aus 82 Ländern.

1982 konnte Kramsky zum ersten Mal in den Westen reisen, besuchte einen englischen Sammlerfreund und die Caxton-Schokoladenfabrik in London. Danach bereiste er Deutschland, Belgien, Frankreich, England und die Schweiz auf der Suche nach Verpackungen. 1985 befanden sich schon 50.000 Exponate in der Sammlung Kramsky. Vom tschechischen »Hobbyclub der Kuriositäten« wurden erste Ausstellungen organisiert, es meldeten sich Besuche aus Deutschland an – Mitarbeiter der Firmen Trawigo und Gubor – um die Sammlung zu besichtigen. 1988 gab der »Hobbyclub der Kuriositäten« ein Buch über die Geschichte tschechischer, deutscher und schweizerischer Firmen heraus, das Stanislav Kramsky gemeinsam mit einem anderen Sammler bearbeitet hatte. 1990 befanden sich 67.000 Objekte in der Sammlung Kramsky, 1995 waren es 79.000. Nachdem nach der Wende das Reisen erlaubt war, besuchte Kramsky die Schweiz, die Fabriken von Nestlé und Pfister sowie Chocosuisse, und 1992 erstmals die ISM in Köln. Es folgten viele Reisen und Besuche von Schokoladefabriken z.B. Mars, Slough/England, Hofbauer/Wien, Tirma/Gran Canaria, Walter Heindl/Wien, Imhoff Stollwerck Schokolademuseum, Alprose/Caslano u.a.m.

1998 wurde Stanislav Kramsky eingeladen, seine Sammlung beim Eurochocolate Festival in Perugia/Italien auszustellen. Seit 2001 ist die Sammlung dort mit einer permanenten Ausstellung vertreten. 1999 arbeitete Kramski im Auftrag von German Sweets an einem deutsch-tschechischen Wörterbuch für Schokoladen-und Süßwarenhersteller mit. Im Jahre 2000 war schließlich die Sammlung Kramsky mit 95.000 Exponaten die größte weltweit und wurde in das Guinness – Buch der Rekorde aufgenommen. Es erschienen mehrere Artikel über die Sammlung in internationalen Fachzeitschriften. Im Februar 2002 nahm Kramsky an der Ausstellung im Musée du Cacao et du Chocolat in Brüssel teil, im März folgte eine Ausstellung von Verpackung bei Eurochocolate in Rom und im vergangenen Mai in Potsdam. In den Monaten November 2002 bis Januar 2003 werden wichtige Exponate in den Räumen der Sparkasse Bremen präsentiert.

Die Sammlung wird nach wie vor ergänzt und weiter ausgebaut. Sie beherbergt unzählige alte Kakao- und Süßwarenblechdosen, Pralinenschachteln aus Papier und Holz, Werbeschilder aus Email, alte Plakate und anderes Werbematerial, Gussformen, Sammleralben und kleine Sammlerbilder, Bücher und Kataloge.

Ulla Heise

»Schon trommelts zur Parade!

Wo bleibt die Schokolade?«

Die Schokolade in der Literatur

Der Mensch ist nicht aus Lehm gemacht

Voller Esslust und herber Sinnlichkeit betreten Kakao bzw. Schokolade die Bühne der Weltliteratur, die in Mittelamerika – wie in der ganzen übrigen Welt auch – mit einem Schöpfungsmythos beginnt. Manche Götter erledigen in den Schöpfungsmythen die Erschaffung des Menschen an einem Tag – Adam und Eva sind solche Ergebnisse –, andere Götter in anderen Gegenden brauchen dafür etwas länger. Zu denen, die mehrere Anläufe machen, gehören die Gottheiten in Mittelamerika. Dafür aber hatten sie möglicherweise, wie wir gleich sehen werden, vielleicht auch etwas mehr Vergnügen dabei.

Im Popol-Vuh, dem großartigen Buch der Bücher der guatemaltekischen Maya-Quichés – der im Jahre 1530 von einem gelehrten Indio vermutlich von einer Bilderhandschrift ins Lateinische transkribiert und im Jahre 1700 ins Spanische übersetzt wurde –, lesen wir, wie die Welt erschaffen und nach mehreren Versuchen endlich auch der so genannte Berg der Ernährung gefunden wurde, um den Menschen in seine endgültige Gestalt zu bringen. Womit wir beim Kakao angelangt sind, denn er ist neben dem Mais einer der Bestandteile, aus denen der Mensch besteht:

»Und sie freuten sich darüber, was der gute Berg alles hergab, der angefüllt war mit süßen Dingen, reich an gelbem Mais, weißem Mais, reich an Pataxte [Theobroma bicolor] und Kakao, unzähligen Sapotillfrüchten, Honigäpfeln, Kirschen, naces, matasanos, Spezereien – lauter nahrhaften Dingen, die die Zitadelle mit Namen Zerklüfteter Ort, Ort des Bitteren Wassers, anfüllten. Alle essbaren Erzeugnisse waren da: kleine Früchte, große Früchte, kleine Pflanzen, große Pflanzen.«[1]

Vielleicht probierten die Götter die ganze vegetarische Palette erst einmal durch, bevor sie ans Werk gingen und den Maya-Menschen machten? Schade nur, dass wir nicht mehr erfahren können – von vermutlich tausenden von Maya-Bilderkodizes haben sich nur vier erhalten –, wofür die Kakaobohne bzw. der Schokoladentrank herhalten mussten. Für die Zunge vielleicht? Oder für den Magen? Oder für die Hautfarbe? Möglicherweise aber auch für das Blut oder das Herz, das eine ähnliche Form wie die Kakaofrucht hat? Letzteres scheint nicht ganz abwegig, weil die nachklassischen Maya, vor allem aber die Azteken bei ihren erschreckend-drastischen Kulthandlungen Schokolade und menschliches Blut in einen realistisch-symbolischen Assoziationskontext stellten.

Tausend Jahre später hat ein deutscher Dichter einen durchaus ähnlichen, erfreulicherweise aber nur poetischen Einfall: »Dieses nachgemachte Blut ist so balsamisch abgekocht …«[2] Und noch einmal 150 Jahre später kommt Miguel Angel Asturias vieldeutig-dunkel auf den »Uranfang der alten Kunde von dem, was hierzulande den Namen Quiché trägt« – so der Beginn des Popol-Vuh – zurück: »In der Stadt Copán führt der König seine Hirsche mit silbernem Fell in den Gärten des Palastes spazieren

---

1   Popol-Vuh, zitiert nach Sophie D. Coe/Michael D. Coe, Die wahre Geschichte der Schokolade, Frankfurt am Main 1997, S. 49.
2   Daniel Stoppe, Der Parnaß im Sättler, Oder Scherz- und Ernsthaffte Gedichte, Frankfurt und Leipzig, 1735, S. 174.

… Die Bäume des mütterlich nährenden Kakaos lassen die Blätter fallen. Ein Regen von Herzen ist ein eben hinreichender Tribut für einen so hohen Herrn.«[3]

Schokolade in der Literatur – ein weites, sehr weites Feld

Seitdem Amerika entdeckt ist, wird über Kakao und Schokolade geschrieben – gibt es also seit rund 500 Jahren eine »Schokoladenliteratur«. Und ein müßiges Unterfangen wäre es herauszufinden, wer auf diesem reich beackerten Feld ein wirklicher Au(c)tor (Urheber) und Inventor (Erfinder) ist oder – was im Verhältnis eins zu hundert zu stehen scheint – ein Nachahmer und Kompilator (Zusammenträger, Abschreiber). Kurz gesagt: Wer, wo und wann bei wem was und wie abgeschrieben bzw. übersetzt und unter eigenem Namen veröffentlicht hat, kann kaum voneinander geschieden werden. Zähflüssig und undurchsichtig-dunkel wie die Schokolade selbst ist das Phänomen ihrer literarischen Widerspiegelung. Von echten oder kompilierten Reiseberichten über Memoiren, Lob- und Schmähschriften, von überschwenglichen Oden zu musikalischen Singspielen, von Essays zu lockeren Berichten aus der noch lockeren Kurtisanenwelt, von Romanen, Komödien und Tragödien bis hin zu Giftmordakten, Rezeptsammlungen oder Kinderbüchern reicht das Schoko-Spektrum vom 16. bis 21. Jahrhundert. Die geschriebene Geschichte der Schokolade ist von stilistischen Klischees durchwabert und ebenso vielschichtig, wie es Zubereitungsvarianten aus der »göttlichen« Kakaobohne gibt.

Wer zählt die Titel, nennt Namen … die spanischen, portugiesischen, italienischen, französischen, englischen, deutschsprachigen oder gar die modernen mittel- und südamerikanischen Autoren? Wo anfangen – wo aufhören?

Mögen dies andere tun (oder haben es schon getan) – wir lehnen uns zurück, greifen zur Schokolade in fester oder flüssiger Form und lassen nur wenige der Schoko-Repräsentanten aus der Schriftstellerzunft an uns vorüberziehen. Ein Schokoladenfest könnte es werden, wenn man sich danach (oder stattdessen) den Film »Chocolat« ansieht - d a s Hohelied auf die Schokoladenherstellung und den -genuss schlechthin.[4]

Nomen est omen – ein Göttertrank

»Bekanntlich nannte Linné den Kakaobaum Theobroma cacao (Göttertrank). Man hat der Ursache dieser schwülstigen Benennung nachgeforscht, die Einen schreiben sie der Leidenschaft zu, welche der Gelehrte für den Trank gehabt habe, die Anderen dem Wunsche, seinem Beichtvater zu gefallen, die Dritten endlich seiner Galanterie, weil eine Königin zuerst den Gebrauch der Chocolade anfing.«[5] Dies schreibt kein Geringerer als Jean Anthelme Brillat-Savarin (1755-1826), einer der bedeutendsten Feinschmecker und geistreichsten gastrosophischen Schriftsteller aller Zeiten.

Trotzdem irrt er sich vermutlich hier bzw. diejenigen, die er referiert. Das schwedische Multitalent Carl Linnaeus (1707-1778, geadelt 1761, seitdem Linné), der Mozart unter den Naturwissenschaftlern und produktivste skandinavische Schriftsteller im 18. Jahrhundert, war Protestant – hatte also zumindest keinen Beichtvater. Den Kakaobaum hat Linné spätestens auf seiner ersten und einzigen Auslandsreise (1735-38) in einem holländischen Garten ganz real vor sich gesehen. Ansonsten kannte er ganz sicher die detaillierten Beschreibungen inklusive der mehr oder weniger gut gelungenen Kupferstichabbildungen, die es zu diesem Zeitpunkt bereits dutzendfach gab.[6] Und wohl weniger aus Begeisterung für das sündige Schokoladetrinkvergnügen oder gar für eine Königin, sondern vermutlich der getreulichen Übersetzung aus dem Indianischen wegen passt er im Jahre 1735 den bisher üblichen lateinischen Namen Arbora cacavifera americana, der nicht nur ihm aufgrund von caca

3   Miguel Angel Asturias, Legenden aus Guatemala, übersetzt von Ulrich Kunzmann, Leipzig 1976, S. 11.

4   »Chocolat« (2001) - vom schwedischen Regisseur Lasse Hallström wundervoll in Szene gesetzt, von Schokoladenmacherin Juliette Binoche bezaubernd gespielt.

5   Jean Anthelme Brillat-Savarin, Physiologie des Geschmacks oder Physiologische Anleitung zum Studium der Tafelgenüsse, übersetzt und mit Anmerkungen versehen von Carl Vogt, Braunschweig 1865 (Ausgabe Leipzig 1983), S. 135.

6   Ob in Amsterdam, Leiden, Brüssel, Oxford oder Paris - Linnaeus lernt auf seiner Auslandsreise alle einschlägigen Bibliotheksbestände und

zu fäkalisch klang, seiner neuen Systematik an mit dem Gattungsnamen Theobroma (gr. theos = Gott, broma = Speise) und dem Artnamen cacao. Wie kein zweiter Mensch seiner Zeit kannte Carl von Linné im hohen Norden die in der übrigen Welt bis dahin veröffentlichte bzw. in Herbarien oder Handschriften vorliegende Literatur, »wer die Pflanzen in einer jeden Gegend und in jedem Garten beschrieben und welcher Schriftsteller es in jedem Teile der Botanik gibt«[7].

Was Casanova, de Sade, Goethe und Schiller gemeinsam haben?

Ihre Vorliebe für Schokolade zumindest!

In Italien ist die Schokolade eine Standardrequisite der Commedia dell'arte. Allerdings wird sie hier nicht aus zierlichen Tässchen getrunken, sondern aus Eimern. Übertriebener Schokoladekonsum – »eimer«- oder »fassweise« der besseren erotisierenden Wirkung wegen – gehört zu den Formeln der volkstümlichen Stegreifkomödie, die vor allem in Venedig auf derb-komischem Niveau gespielt wird. Nicht nur Casanova empfiehlt die Tasse heißer Schokolade als Aphrodisiakum - hundert andere taten es vor ihm und nach ihm auch.

Während sich in Frankreich der Marquis de Sade kiloweise Schokoladenpulver und Schokopastillen ins Gefängnis schicken lässt, in dem er wegen skandalöser Erregung öffentlicher Ärgernisse insgesamt 30 Jahre(!) einsaß, schickt in Weimar der Herr Minister und Dichter von Goethe seine Ehefrau Christiane regelmäßig zum teuren Schokoladeeinkauf und erkennt ganz nebenbei ein schwerwiegendes Problem seiner Farbenlehre: »An den Blasen des Chocoladeschaums sind die Farben fast bequemer zu erkennen als an den Seifenblasen.« Friedrich Schiller lässt Schokolade servieren in den »Räubern« und in der »Verschwörung des Fiesco zu Genua« – man lese dort nach und wundere sich.

Schokoladenservice, von Katy Jung, Porzellan 2002.

Und Gottfried August Bürger schließlich ist derjenige, der in seiner entzückenden »Historiam« von der wunderschönen Prinzessin namens Europa den vielleicht witzigsten und kürzesten Reim gefunden hat: »Schon trommelts zur Parade! Wo bleibt die Schokolade?«

Schaum auf der Lippe

Wie vielfältig die graziös-eleganten oder sinnlichen Wortfindungen für die Beschreibung des Schokoladegenusses auch gewesen sind – köstlich, himmlisch, schaumig-zart, superb und göttlich rinnt der Schaum die Kehle hinunter – nichts scheint »curiöser« als dies: Die erste deutsche Schokoladenmanufaktur wurde im Jahre 1765 gegründet von einem Mann mit einem nahezu programmatischen Namen, den man sich in unserem Zusammenhang langsam auf der Zunge zergehen lassen sollte, um darüber zu philosophieren, wie diese Schokolade wohl geschmeckt

alle an den Universitäten oder in den königlichen Gärten tätigen Koryphäen kennen, mit denen er nach seiner Rückkehr nach Schweden bis zu seinem Tod in regem wissenschaftlichen Austausch steht. Dass Linné die zehnseitige Dissertation »De Potu Chocolatae« seines Schülers Antonius Hoffmann im Jahre 1765 herausgibt, sei hier wenigstens noch vermerkt.

7   Carl von Linné, Autobiografie (Vita III, Handschrift), zitiert nach: Carl von Linné, Lappländische Reise und andere Schriften, hg. von Sieglinde Mierau, Leipzig 1977, S. 223.

hätte, wenn der erste Schoko-Fabrikant Deutschlands ein aristokratischer Hohenzoller, ein Wittelsbacher oder gar ein Nassauer gewesen wäre. Nein – es war Fürst Wilhelm von Schaumburg-Lippe, der mit seiner Schokoladenproduktion ein Vermögen verdiente.

Das konkurrenzlose Schokoladenrezept

Seit über 500 Jahren werden Schokoladenrezepte nicht nur in Reisebeschreibungen oder für den Küchengebrauch notiert, sondern auch in literarisch-poetische Formen gegossen und veröffentlicht, danach von anderen mehr oder weniger zitiert und variiert, um nach 50, 100 oder 300 Jahren fast wortwörtlich in einen anderen Zusammenhang gestellt wieder aufzutauchen. Konkurrenzlos und einmalig in all der Fülle scheint nur das zu sein, was der deutsche Schriftsteller Ludwig Börne (1786-1837) im Jahre 1837 in Bezug auf den Gartenkönig, Lebemann und Rezepterfinder, den Fürsten von Pückler-Muskau, dazu zu vermelden hat:

»Nun ist es zwar sehr löblich, wenn deutsche Edelleute für die materiellen Interessen des deutschen Pöbels Sorge tragen und durch Verbreitung guter Kochbücher die Zungen der räsonnierenden Kanaille unschädlich zu beschäftigen suchen. Indessen ist ein Kaffeerezept ein Werk der Tugend, nicht der Grazie, und ein bürgerlicher Schriftsteller kann, obzwar nicht hoffähig, dennoch rezeptfähig sein. Sollte aber ein Kaffeerezept wirklich ein Werk der Grazie sein, so könnte ich mich auch hierin dem Fürsten Pückler nicht bloß gleich, sondern triumphierend gegenüberstellen.

Das Kaffeerezept, welches der Fürst Pückler mitteilt, ist alt und bekannt … In hundert orientalischen Reisebeschreibungen ist es zu lesen … Ich aber kann ein Rezept mitteilen, das ich nicht abgeschrieben, sondern selbst erfunden habe, ein Schokoladenrezept.

Ich würde meinen schönen Leserinnen das Schokoladenrezept gern mitteilen, damit es dieser gelehrten und plebejischen Schrift nicht an aristokratischer Grazie fehle. Doch nach reiflicher Überlegung fand ich es besser, es für meine künftige Reisebeschreibung aufzusparen, deren Zierde es werden soll. Ich will nur erzählen, wie ich zu der wichtigen Entdeckung gekommen, da die Kochkunst sonst mein Fach nicht ist. Es war an dem Tage, da ich in den Memoiren der Herzogin von Abrantes las, dass bei einem Frühstück … man eine Schokolade serviert habe, die so schaumig und zart gewesen, dass man eine Viertelstunde vor dem Mittagessen achtzehn Tassen davon habe trinken können, ohne sich im mindestens den Appetit zu verkleinern. Ich schmachtete sehr nach der Schaumschokolade … Nach wenigen Tagen wusste ich die herrlichste Schaumschokolade zu bereiten. Das genügte mir aber nicht, ich strebte höher. Ich erfand ein Schokoladengas, welches die Grazie selbst ist und wovon man hundert Tassen trinken kann, ohne im mindesten davon belästigt zu werden.«[8]

8 Ludwig Börne, Menzel der Franzosenfresser (1837), in: Ludwig Börne, Schriften zur deutschen Literatur, Leipzig 1960, S. 254f.

Susanne Schroeder

Johann Wolfgang von Goethe

und die Schokolade

Im Nachlass des Dichters und seiner Familie ist eine kleine, sehr wertvolle Sammlung von Schokoladentassen überliefert, die die besondere Vorliebe des Weimarer Genius für Trinkschokolade widerspiegelt. Die Stücke aus Porzellan sind heute im Wohnhaus des Dichters am Weimarer Frauenplan oder in der Ständigen Ausstellung »Wiederholte Spiegelungen – Weimarer Klassik« im benachbarten Gebäudekomplex des Goethe-Nationalmuseums zu sehen.

Neben dem frühen Meißner Doppelhenkelbecher um 1722 in chinoisem Golddekor und der berühmten Tasse mit dem sehr ähnlichen Altersporträt Goethes, das der junge Fürstenberger Miniaturmaler Ludwig Sebbers (1804-1843) auf der Rückreise durch Weimar 1826 anfertigte, sind es vor allem Schokoladentassen aus der Königlichen Manufaktur in Berlin, deren Porzellane wegen ihrer edlen klassizistischen Ausführung von Goethe besonders geschätzt wurden.

Der Eintrag ins Tagebuch vom März 1819: »Um 11 Uhr zu den jungen Herrschaften. Berliner Porzellan von größter Schönheit« weist auf die hohe Wertschätzung hin! Dass Goethe mit dieser Notiz auch die hier beschriebene und ausgestellte Schokoladentasse mit einer Ansicht eines Gebäudes in Bar-le-Duc gemeint haben könnte, vermutet schon J. B. Kittel in seiner Schrift von 1927 über die »Süßigkeiten bei Goethe«.[2] Dem Anfertigungszeitraum der Tasse um 1819 entspricht die rote Malereimarke, die nur wenige Jahre von 1817-23 in der Berliner Manufaktur

verwendet wurde.[3] Ein weiterer Tagebucheintrag wenige Wochen später, der sich auf den französischen Ort östlich von Paris am Rhein-Marne-Kanal bezieht, scheint die Vermutung zu bestätigen: »Mit Ulriken allein zu Tische. Über Bar le Duc und Gewohnheiten der Franzosen.«[4] Obwohl aus den beiden Tagebuchnotizen nicht hervorgeht, unter welchen Umständen die Tasse in Goethes oder in den Besitz seines Familienkreises kam, weist zumindestens die Aufschrift der Untertasse auf den konkreten Anlass hin.

Die erwähnte Ulrike von Pogwisch (1798-1875) ist die Schwester der Schwiegertochter Goethes, Ottilie von Goethe (1796-1872), Frau des einzigen Sohnes August (1789-1830). Sie begleitet ihre Verwandten in den Jahren 1817 und 1818 nach Bar-le-Duc, wohin der Onkel beider Frauen, Wilhelm Graf Henckel von Donnersmarck (1775-1849), als Generalmajor und Brigadekommandeur aus der Erfurter Garnison nach den Friedensvereinbarungen von 1815 versetzt worden war.

Als die zwanzigjährige Ulrike zurückkehrt, nimmt Goethe sie auf Bitten der Schwiegertochter in sein Haus auf. Dort lebt sie zehn Jahre, gehört zum engsten Familienkreis und trägt besonders mit ihrem natürlichen Wesen, wie die anderen »jungen Herrschaften«, zur Zerstreuung des verwitweten Dichters bei.[5]

Unweit des Goethe'schen Anwesens lebte der französische Küchenmeister und Mundkoch der Herzoginmutter Anna Amalia von Sachsen-Weimar-Eisenach, François-

1 WA (Weimarer Ausgabe, Goethes Werke) III. Abteilung, 7. Band, Weimar 1885, Tagebucheintrag vom 11. März 1819, S. 24.

2 Kittel, J. B., Süßigkeiten bei Goethe, Dresden 1927, S. 123.

3 Köllmann, Erich und Jarchow, Margarete, Berliner Porzellan, München 1987, S. 248. Auf S. 530 sind aus dem Preiskurant der Manufaktur verschiedene Tassenformen abgebildet, darunter mit Nr. 30 die »ChocoladeTasse«, die in der Form der Bar-le-Duc-Tasse entspricht.

4 WA III. Abteilung, 7. Band, Weimar 1885, Tagebucheintrag vom 10. April 1819, S. 35.

5 Rahmeyer, Ruth, Bester Vater! Briefe der Ulrike von Pogwisch an Goethe, Leipzig 1999, S. 8.

Obertasse mit Vedute, Wandung mit lila Fond, Goldstaffierung auf Fuß, Lippenrand und Henkel, Szeptermarke und »s« in Unterglasurblau, Malereimarke auf Glasur in Rot, Höhe 95 mm.

Schokoladentasse mit einer Ansicht von Bar-le-Duc, Königliche Porzellanmanufaktur Berlin, um 1819.

jeden Becher zwei Loth Chocolade, welche man schneiden oder auf dem Reibeisen reiben kann […]«[6] Ergänzend schlägt Goullon vor, wann die Schokolade serviert werden sollte, vorzugsweise beim Frühstück oder nach Schlittenfahrten u.ä. und mit welchem Gebäck, Zwieback oder Biskuit. Diese Hinweise stimmen mit dem Ablauf der Speisenfolge im Hause Goethes überein.

Als erster Tagesgenuss wurde die geliebte Trinkschokolade eingenommen. Unter den verschiedenen Beilagen des ersten Frühstücks traten regelmäßig die noch vom Frankfurter Elternhaus her gewohnten Zwiebacke und Biskuits auf.[7]

Für die alltägliche Zubereitung und für die Versorgung unterwegs, wenn Goethe sich z.B. in der benachbarten Stadt Jena dienstlich aufhielt, hatte Christiane, seine spätere Ehefrau, Sorge zu tragen: »Die Schokolade fangt an zu fehlen. Schicke mir doch welche …«[8] Christianes Päckchen war bereits auf dem Weg, und sie fügt mit Blick auf die Haushaltskasse hinzu: »Die Chokolade ist theuer, das Pfund 1 Thaler 12 Groschen.«[9]

Die Qualität der Schokolade war entscheidend. Mit einer besonders guten Sorte aus Wien verwöhnen ihn die Schwestern Marianne von Eybenberg (1770-1812) und Sara von Grotthus (um 1760-1828), deren Bekanntschaft Goethe bei seinen Kuraufenthalten in den böhmischen Bädern gemacht hatte: »Gute Chokolade entbehre ich lange und werde eine Portion von Ihrer Hand mit Dank annehmen.«[10] Diese lang ersehnten Zeilen schreibt er an Marianne, welche mit ihren Schokoladesendungen die Korrespondenz mit dem großen Mann erfolgreich provoziert hatte.

Goethe äußert sich über die Schokolade nicht nur in seinen Tagebüchern und Briefen. In »Wilhelm Meisters Lehrjahren« wird das Lieblingsgetränk mehrmals erwähnt:

René le Goullon (1757-1839). Dieser schildert in seiner 1829 herausgegebenen Schrift gesammelter Rezepte, »Der elegante Theetisch«, minutiös die Herstellung der Trinkschokolade mit Wasser oder Milch: »Um gute wohlschmeckende Wasser-Chocolade zu machen, muß man von der feinsten Turiner Chocolade, welche sich dadurch auszeichnet, daß sie sich nicht allein äußerst leicht auflöset, sondern auch keinen Bodensatz, wie die geringere Chocolade, zurückläßt, nehmen, und dann folgender Art verfahren. Man gießt soviel Chocoladenbecher voll Wasser in die Chocoladenkanne, als man braucht, rechnet auf

6   Le Goullon, François-René, Der elegante Theetisch oder die Kunst, einen glänzenden Zirkel auf eine geschmackvolle und anständige Art ohne großen Aufwand zu bewirthen, Weimar 1829, S. 18.

7   Kittel, J. B., Süßigkeiten bei Goethe, Dresden 1927, S. 49f.

8   WA IV. Abteilung, 10. Band, Weimar 1892, Brief an Christiane Vulpius, 9. April 1795, S. 248.

9   Goethes Ehe in Briefen, hrsg. von Gräf, Hans Gerhard, Potsdam 1937, S. 37.

10 WA IV. Abteilung, 17. Band, Weimar 1895, Brief an Marianne von Eybenberg, 26. April 1805, S. 278.

»Philine habe sie zum Frühstück eingeladen. Aus Neugier eilte er hin, und traf sie alle sehr aufgeräumt und getröstet. Das kluge Geschöpf hatte sie versammelt, mit Chocolade bewirtet.«[11]

Die Schreibweise des Begriffes Schokolade variiert bei Goethe sehr – Chocolade, Chokolade, Chocolate, Schokolade, Schokolate. »Ein Wort schreibe ich mit dreyerlei Orthographie, […]«[12] Neben der alten sehr häufig verwendeten französischen Form mit »Ch« verwendet er schon die deutsche Schreibweise, wenn auch sehr selten, mit »Sch«.

Die Lust auf Schokolade verlässt den Dichter zeitlebens nicht, besonders in seinen Beziehungen zu Frauen wird diese Vorliebe deutlich. Goethe erhält die Schokolade oft als Geschenk von ihnen, ebenso verschenkt er sie. Er preist ihre Vorzüge. In einem scherzhaften Disput über das Für und Wider von Kaffee oder Schokolade drängt er Charlotte von Stein, auf den allzu reichlichen Genuss des ungesunden Kaffees zu verzichten: »Ich habe immer noch von Ihrem Biskuitkuchen und hoffe, daß Sie keinen Kaffee mehr trinken.«[13]

Nicht selten bedankt er sich für Schokoladesendungen in poetischer Form. Der greise Dichter bringt 1823 seine Leidenschaft für die geliebte Ulrike von Levetzow (1804-1899) und für seine Lieblingsspeise in den so genannten Schokoladenversen und einem Vierzeiler, der hier zitiert wird, zum Ausdruck:

Gewogen schienst du mir zu seyn,
Du lächeltest der kleinsten Gabe;
Und wenn ich deine Gunst nur habe,
So ist kein Täfelchen (Schokolade) zu klein.«[14]

Dazugehörige Untertasse, Fahne mit lila Fond, Spiegel in Weiß, darauf in schwarzer Schreibschrift:

»Erinnerung an Bar-le-Duc 1817 und 1818«

Szeptermarke in Unterglasurblau, Malereimarke auf Glasur in Rot, Ritzzeichen »20« und »II«, Durchmesser 149 mm.

Stiftung Weimarer Klassik/Goethe-Nationalmuseum

Bestand Kunstgewerbe Inv.Nr. KKg/01306/001-002

11   WA I. Abteilung 22. Band, Wilhelm Meisters Lehrjahre, Buch 4, Kapitel 15, S. 82.

12   WA IV. Abteilung 23. Band, Brief an Josephine, Gräfin O'Donnell, 24. November 1812, S. 167.

13   WA IV. Abteilung, 3. Band, Weimar 1888, Brief an Charlotte von Stein, 31. August 1777, S. 170.

14   WA I. Abteilung, 5. Band, Weimar 1910, Paralipomena, S. 366.

Verena Schmale

»Zu Risiken und Nebenwirkungen«

Schokolade in der Medizin

»Mein Arzt hat mir gegen meinen Husten Schokolade ver-schrieben!« Bei solch einer Aussage würden wir heute nur verständnislos mit dem Kopf schütteln. Vor rund 400 Jah-ren allerdings hätten wir dem Betreffenden wahrscheinlich einfach nur gute Besserung gewünscht. Denn die Schoko-lade hat in ihrer langen Geschichte weitaus mehr Bedeu-tung erfahren denn bloß als reines Genussmittel. Schon die Azteken und Maya verzehrten die Schokolade neben rituellen und ernährungstechnischen auch aus gesundheit-lichen Gründen. Viele Quellen berichten, dass ein Scho-koladentrank mit vielen Gewürzen zum Beispiel bei Atem-wegs- und Blasenerkrankungen getrunken wurde. Andere Schriften erzählen von der Schokolade als Heilmittel gegen Fußverletzungen, Lungenerkrankungen und Schwermut so-wie Krankheiten, die den Magen-Darm-Trakt betreffen wie zum Beispiel Diarrhö oder Ruhr. Aber auch die durch Aus-kochen der Bohnen entstandene Kakaobutter fand ihre Verwendung in der Medizin. Sie wurde als Wundsalbe oder von den Frauen als Hautpflegemittel und »Schönheitspo-made« für Lippen und Brüste verwendet.

Nach anfänglicher Skepsis ließen sich auch viele euro-päische Ärzte von diesem neuen Medikament überzeu-gen. Sie waren bereits zu Anfang der Eroberung im 16. Jahrhundert mit nach Amerika gereist. Dies war nicht un-gewöhnlich, denn man erhoffte sich in der Neuen Welt Heilmittel für die Epidemien zu finden, die zu der Zeit in Europa grassierten und nicht heilbar waren, wie z.B. Pest, Lepra, Typhus oder Syphilis. Deshalb setzte man gera-de in schlimmen Seuchenzeiten große Hoffnungen in jede neu entdeckte Pflanze, so auch in die Schokolade. Als die Schokolade Anfang des 16. Jahrhunderts dann schließlich auf den großen Handelsschiffen den europäischen Konti-nent erreichte, war sie bereits in Mittelamerika von euro-

päischen Medizinern und Biologen eingehend untersucht worden. Sie hatten die Schokolade in das seit der Antike bestehende so genannte humorale System eingeordnet. Diese so genannte Viersäftelehre besagte, dass Krankhei-ten durch eine fehlerhafte Mischung der vier Körpersäfte (Blut, Schleim, gelbe und schwarze Galle) entstehen wür-den. Außerdem war man der Meinung, dass Krankheiten und deren jeweilige Heilmittel heiß oder kalt und feucht oder trocken sein müssten. Nach dieser Lehre bedeutete das also, dass Krankheiten nur durch Gegensätze geheilt werden konnten. Folglich mussten zum Beispiel »heiße« Krankheiten wie Fieber mit einem »kalten« Gegenmittel behandelt werden. Die Schokolade war in dieses System als gemäßigt, aber mit einer Tendenz zum Kalten und Feuchten eingeordnet worden. Demzufolge schien sie geeignet für die Behandlung aller »heißen« Erkrankun-gen zu sein.

Die Wirkungen, die dem Schokoladengetränk zu dieser Zeit zugeschrieben wurden, lesen sich heute wie die Er-findung einer »Wunderdroge«. Allein die Abhandlung, die der Leibarzt des Bischofs von Münster über die Schoko-lade geschrieben hatte, vermittelt den Eindruck, er spre-che von der wundersamen Wirkung eines hoch dosierten Medikamentes. Hier nur eine kleine Auswahl der Krank-heiten, die laut seiner Schrift mit dem Kakaogetränk ge-heilt werden konnten: Wassersucht, Gicht, Rachitis, Le-ber- und Milzerkrankungen, Zahnschmerzen, Blattern, Entzündungen jeglicher Art, Ohnmachten, Herzklopfen, Lähmungen der Gliedmaßen, Gelbsucht, Nierensteine, Unfruchtbarkeit, Husten und Kopfschmerzen. Bei all die-sen Krankheiten sollte die Schokolade eindeutig Besse-rung verschaffen. Zur Bekräftigung dieser Thesen wur-den häufig auch medizinische Anekdoten mit angeführt,

die die gute Wirksamkeit der Schokolade belegen sollten. Man erzählte sich zum Beispiel häufig die Geschichte von einem Mann, der die Schokolade wegen seiner Schwindsucht trinken musste. Da seine Frau ihm beistehen wollte, trank sie ebenfalls davon. Das angebliche Resultat bei beiden: Er wurde vollständig geheilt und seine Frau gebar bald darauf Drillinge.

In der Tat wurde die Schokolade lange als aphrodisierendes und Potenz steigerndes Mittel geschätzt. Man war der Meinung, sie würde die Körpersäfte, also auch das Sperma, vermehren und verbessern. Nicht selten wurde ausdrücklich betont, dass die Schokolade auch »zum Beischlaf reizt«. Auch in der Unterhaltungsliteratur finden sich Anspielungen, die sich auf diese besondere Wirkung der Schokolade beziehen. »Ich reiche Dir's [das Schokoladengetränk] zugleich mit meinem Herzen dar, weil wir der späten Welt noch Enkel geben müssen.«

Hier hätte der italienische »Abenteurer« Casanova sicher-

lich ohne weiteres seine Zustimmung gegeben. Seinen Memoiren nach schwörte er auf die Wirkung der Schokolade und versäumte keine Gelegenheit, sich eine Tasse zu Gemüte zu führen.

Stets gerühmt wurde auch die Energie spendende und aufbauende Wirkung dieses »Medikamentes«. Ein englischer Arzt, der über den Nährwert der Schokolade sogar Versuche angestellt hatte, behauptete, dass er aus einer Unze Kakao mehr nährenden und fetten Saft herausziehen könne als aus einem ganzen Pfund Rindfleisch. Außerdem wurde die Schokolade häufig als Heilmittel für hypochondrische Krankheiten verschrieben. So wurde dem Kardinal von Lyon die Schokolade regelmäßig verordnet, um seine hypochondrische Krankheit zu kurieren, bei der andere Arzneien bisher versagt hatten.

Auch im 17. und frühen 18. Jahrhundert machte die Schokolade noch von sich reden. In verschiedenen Abhandlungen wurde sie als Mittel gegen Depressionen, Schlaf- und

Jedoch gingen längst nicht alle Mediziner (und jene, die sich für solche hielten) mit dieser Meinung konform. Über die Verträglichkeit und Wirksamkeit der Schokolade herrschten bis in das 17. Jahrhundert hinein, wie übrigens auch über Kaffee, Tee und Tabak, die unglaublichsten und fabelhaftesten Ansichten.

Dementsprechend wurde die beginnende Euphorie von aufkommender Skepsis und Unsicherheit gedämpft. Dies bestätigt die Korrespondenz der Marquise de Sévigné mit ihrer Tochter aus dem 17. Jahrhundert. In einem Brief warnt sie, dass die Schokolade laut neuesten Erkenntnissen die Ursache allen Übels und Auslöser eines lang anhaltenden Fiebers sei, das unweigerlich zum Tode führe. Der nächste Brief zum Thema Schokolade enthält ähnlich dramatische Warnungen. Darin berichtet Madame de Sévigné von einer Marquise, die während ihrer Schwangerschaft so viel Schokolade zu sich genommen hatte, dass sie einen Jungen zur Welt brachte, der »so schwarz wie der Tod war und starb«.

Der heutige Leser würde das beschriebene Ereignis wohl eher auf eine Fehlgeburt zurückführen oder die Vermutung äußern, die Dame habe mit einem ihrer farbigen Angestellten ein intimes Verhältnis gehabt. Vor dem Hintergrund der damaligen Forschungslage sind die Mutmaßungen und Ängste der Marquise aber durchaus nachvollziehbar, denn über die medizinischen Vor- und Nachteile der Schokolade war kaum etwas bekannt und ihre Inhaltsstoffe noch nicht erforscht. Diese Bedenken zogen eine Vielzahl von Abhandlungen nach sich, die es sich zur Aufgabe gemacht hatten, den unsicheren Verzehrer mit Ratschlägen zu versorgen. Es wurden Anweisungen zur genauen Dosierung des Getränks gegeben und zusätzlich detaillierte Angaben gemacht, die aufzeigten, welche Personen zu welcher Uhr- und Jahreszeit die Schokolade verzehren durften.

Viele weitere Autoren fühlten sich verpflichtet, ihre besorgten Leser auf unerwünschte Begleiterscheinungen des Schokoladengenusses hinzuweisen. So wurde häufig gewarnt vor Albträumen, Depressionen und Symptomen wie »der Schwachheit des Magens, eines langsamen und matten Pulses und Beschwerlichkeit des Leibes«, die

Selbst die Ureinwohner Amerikas kannten die wohltuende Wirkung von Schokolade und wussten diese zu verteidigen. Ein Amerikaner mit Pfeil und Bogen und nicht zu vergessen: seinem Schokoladenlöffel.

Konzentrationsstörungen, vornehmlich aber gegen Verdauungsprobleme gepriesen. Ein Autor schrieb: »Wenn man ein gutes, vollständiges und reichliches Frühstück mit einer großen Tasse guter Schokolade abschließt, wird drei Stunden später alles bestens verdaut sein und man verspürt trotzdem Appetit auf die nächste Mahlzeit. [...] Aus wissenschaftlichem Eifer und kraft meiner Überredungskunst habe ich diesen Versuch einer Anzahl Damen empfohlen, die mir vorher versicherten, sie würden daran sterben. Alle fühlten sich danach wunderbar.«

durch die »kalte Natur« des Getränks hervorgerufen werden sollten. Dagegen helfe nur, das Getränk entsprechend zu erhitzen und es möglichst lange, also mindestens einen Monat, stehen zu lassen. Wie dieser Trank dann geschmeckt haben muss, mag man sich heute wohl besser nicht mehr vorstellen.

Die Skepsis gegenüber dem Kakaogetränk hat sich – wenn auch in abgeschwächter Form – bis in das 19. Jahrhundert fortgesetzt. So ist in einem wissenschaftlichen Wörterbuch aus dem Jahr 1867 Bemerkenswertes über die Auswirkungen der Schokolade auf die Intelligenz zu lesen: »[…] so können wir sagen, daß der Cacao zu viel bloßen gemeinen Nahrungsstoff enthält, um einen gleichen Grad von Einfluß, wie der Thee und Kaffee, auf das Nerven- oder Geistesleben üben zu können, und hierin würden wir vielleicht einen Grund für die weniger hervorragende geistige Stellung finden, welche Spanien und Italien einnehmen, seit der Cacao in diesen Ländern zum Gegenstande eines so allgemeinen Verbrauchs geworden ist.«

Verkauft wurde die Schokolade hauptsächlich an Abnehmer aus der gehobenen Schicht. In Deutschland ist die Schokolade seit 1640 in behördlich aufgestellten Apothekentaxen verzeichnet, zu eben genau solchen (»Apotheker-«)Preisen: als Erstes in der Ratsapotheke in Braunschweig mit dem Vermerk: »Succolata Indica 1 Pfund = 4 Gulden.« Im 17. Jahrhundert wurde in den Apotheken neben der Genuss- hauptsächlich Gesundheitsschokolade angeboten: die Fieber senkende Schokolade mit Chinin, die aufbauende Schokolade mit Magnesium und die abführende Schokolade mit Rhizinusöl. Schokolade mit Eisen versetzt wurde häufig zur Behandlung der Bleichsucht verschrieben. Hinzu kamen spezielle Rezepturen wie etwa die Schokolade für Schwindsüchtige und Asthmatiker oder die Schokolade gegen Wurmbehandlung oder Geschlechtskrankheiten. Einige dieser Rezepturen sind sogar später von der Pharmaindustrie übernommen und noch bis in das 20. Jahrhundert in Form von Pastillen, versetzt mit der jeweiligen Arznei, vertrieben worden.

Von der im 16. und 17. Jahrhundert viel gerühmten Wirkungsweise der Kakaobohne ist heute so gut wie nichts mehr übrig geblieben. Nur in den beiden Weltkriegen wurde ihre stärkende Wirkung noch in besonderem Maße geschätzt. So zum Beispiel der extra für den Kampf hergestellte Energie spendende Schokoladenriegel, später auch »Ration D« genannt. Dieser sollte, versetzt mit Haferflocken und einem Vitamin B1-Zusatz, innerhalb kürzester Zeit Stärkung verschaffen. Die Werbung dafür lautete folgendermaßen: »Mundvorrat für eure Söhne auf dem Felde. Überfettete Schokolade wirkt durstlöschend, da sie die ausgetrockneten und erschlafften Schleimhäute des Halses geschmeidig macht, ist von höchstem Nährwert und führt in der kalten Jahreszeit dem Körper Wärme zu. Für Feldpost versandfertig!« Auch die Schokoladensurrogate (Schokolade aus Ersatzstoffen), die zu dieser lebensmittelknappen Zeit entwickelt wurden, wie etwa der Hafer- oder Eichelkakao, stellten eine besondere Medizin und Stärkungsmittel dar.

Auch die koffeinhaltige, anregende Schokolade mit Zusätzen aus der Colanuss erfreute sich besonderer Verwendung. Ihre belebende Wirkung wurde im Zweiten Weltkrieg sogar so sehr geschätzt, dass sie neben der stärkenden Milchschokolade als »Fliegerschokolade« während der Einsätze von Bomberpiloten gegessen wurde. Auch als stärkende Ration während der Expedition Roald Amundsens oder später als Weltraumkost der NASA hat sie ihre bereits von der einheimischen Bevölkerung Amerikas gelobte kräftigende Wirkung bewiesen.

In der Schulmedizin des 21. Jahrhunderts findet die Kakaobohne mit ihren über 800, zum Teil noch unerforschten verschiedenen Molekülen hauptsächlich noch als peripherer Wirkstoff Verwendung. Als teuerstes Pflanzenfett auf dem Markt wird die Kakaobutter speziell in der Pharmazie und Kosmetikindustrie als Grundlage für Abführmittel (Abführschokolade), Zäpfchen, Salben und Kaudragees verwendet. Das Fett eignet sich besonders für die Herstellung von Cremes, denn es ist hautverträglich und sein niedriger Schmelzpunkt entspricht der menschlichen Körpertemperatur. Das Kakaopulver wird vornehmlich des Geschmacks wegen hinzugesetzt, um bittere Medikamente genießbarer zu machen.

Nur einige der Kräfte, die schon die Azteken der Schokolade zuschrieben, scheinen auch heutigen medizinisch-

wissenschaftlichen Untersuchungen standzuhalten. So sollen bestimmte Wirkstoffe im Kakao das und das Immunsystem Herz stärken, au- ßerdem belegen weitere Studien die antibakterielle und antikariöse Wirkung von Schokolade. Des weiteren schützt die Schokolade durch die so genannten Bioflavonoide, die Körperzellen vor dem Angriff freier Radikale. Das sind aggressive freie Sauerstoffatome, die die Zellmembranen schädigen und Zellen zerstören können. Diese nützlichen, Radikalfänger stecken im Kakao selbst, das heißt, je bitterer die Schokolade, desto gesünder.

Ein wenig mehr Akzeptanz hat die Schokolade bis heute in der Homöopathie erfahren. Ihr Begründer Samuel Hahnemann (1755-1843) hat sich vielseitig mit der Schokolade befasst. Nach seinen Grundsätzen wird die Schokolade auch heute noch bei körperlichen Beschwerden wie Durchfall, Wasserverlust und Bluthochdruck als Therapiemöglichkeit vorgeschlagen. In der Schmerzbehandlung bieten zwei Autoren eines homöopathischen Nachschlagewerkes ein doch etwas fragwürdiges Rezept bezüglich der Wirkungsweise von Schokolade an: »Trinken sie ein bis zwei Mal täglich eine Tasse heißen Kakao und nehmen sie zusätzlich zwei Mal täglich je sechs Tropfen Schokoladen-Gewürzheilmittel ein um Schmerzen zu bekämpfen.«

Bei depressiven Verstimmungen »infolge von Einsamkeit, Liebesentzug und Verlust« scheint die Schokolade gerade im Bereich der Homöopathie einen besonderen Stellenwert zu haben. Immer wieder wird heutzutage ihre stimmungsaufhellende Wirkung diskutiert. Doch die ihr zugeschriebene euphorisierende Wirkung hat auch in der Wissenschaft bis heute nur diskrepante Ansätze hervor-

gebracht. Laut neuesten Untersuchungen müsse eine Person von 60 Kilogramm Gewicht mindestens zehn Tafeln essen, um eine stimmungsaufhellende Wirkung zu verspüren.

Betrachtet man die Schokolade in ihrer langen, oftmals umstrittenen medizinischen Geschichte, so zählt am Ende doch eigentlich nur eines: ihr unvergleichlicher, betörender Geschmack und das Wohlbefinden bei ihrem Verzehr – und in diesem Moment scheint es für den Genießer völlig gleichgültig, ob sie dem Körper schadet oder nützt.

Christian Rätsch

Aztekenkakao, Echter Kakao und Jaguarbaum

cacao, hach käkaw, balum te'

Kakao bei den Azteken, Maya und Lakandonen

»Quetzalcoatl regierte in Tula. Alles war Überfluss und Glück. Für Nahrungsmittel zahlte man kein Geld, noch für Dinge, die zum Leben notwendig waren. Die Kürbisse waren so groß und dick, dass ein Mann sie kaum unter dem Arm tragen konnte. Die Maiskolben waren so groß und voll wie der Griff des Steines, mit dem man den Mais und den Kakao zu mahlen pflegte. […] Selbst Edelsteine und Gold bekam man, ohne dass man etwas dafür geben musste, in solchem Überfluss waren sie vorhanden. Kakao gedieh prächtig. Überall sah man Kakaopflanzen. Alle Einwohner von Tula waren reich und glücklich, sie litten keine Not, nichts fehlte in ihren Häusern.« (Aztekischer Text[1])

Der Kakaobaum stammt aus dem tropischen Mittelamerika und wurde dort schon in präkolumbianischer Zeit kultiviert. Das Kakaogetränk ist eine Erfindung der Indianer. Der Name Cacao kommt aus der Maya-Sprache und bezeichnet zum einen den Baum, die Frucht und das daraus zubereitete Getränk. Das Wort Schokolade kommt von dem aztekischen xocolatl, ein Name für das Getränk. Die feste Schokolade mag eine Schweizer Erfindung sein.

Die Azteken schätzten die Kakaobohnen sehr. Sie dienten als Nahrungsmittel, Stimulanz, Medizin, ja sogar als Währung (besonders zur Bezahlung von Prostituierten) und wurden ehrfurchtsvoll als »Götterspeise« betrachtet.[2] Die Azteken sahen in dem Kakaobaum ein Geschenk ihres friedliebenden Gottes Quetzalcoatl (»Gefiederte Schlange«). In einem aztekischen Text aus der frühen Kolonialzeit

werden der Baum und das Getränk, das berauschend sein konnte (»macht einen betrunken«), genau beschrieben:

»Cacaoaquavitl – Kakaobaum«

Er hat breite Äste. Es ist einfach ein runder Baum. Seine Frucht ist wie ein Kolben getrockneten Maises, wie ein Kolben grünen Maises. Ihr Name ist ,Kakaokolben'. Einige sind rötlich braun, einige weißlich braun, einige bläulich braun. Ihr Herz, das, was ihr Inneres ist, ihr gefülltes Inneres, ist wie ein Maiskorn. Der Name davon, wenn es wächst, ist cacao. Dies ist eßbar, trinkbar.

Dieser Kakao, wenn man viel davon trinkt, wenn man viel davon zu sich nimmt, besonders von dem, der grün ist, der zart ist, macht einen betrunken, hat eine Wirkung auf einen, macht einen krank, bringt einen durcheinander[3]. Wenn eine normale Menge getrunken wird, macht er einen froh, erfrischt einen, tröstet einen, stärkt einen. So wird gesagt: ,Ich nehme Kakao. Ich befeuchte meine Lippen. Ich erfrische mich'.« (SAHAGUN, XI)

Als die spanischen Konquistadoren nach Mexico-Tenochtitlan kamen, sahen sie, dass der Aztekenherrscher Moctezuma reichlich Kakao trank, bevor er sich seinen zahlreichen Lustfrauen widmete. Moctezumas Kakao wurde schnell ein legendäres Aphrodisiakum.

Die »Kakaobohnen« sind die Samen von gut schmeckenden und köstlich duftenden, saftigen Früchten, die direkt am Stamm des Kakaobaumes wachsen. Im alten Mexiko dienten die Kakaobohnen als Währung. Man bezahlte mit

---

1 Nach M. LEON-PORTILLA, Literatura del México antiguo.

2 Als CARL VON LINNÉ dem neuweltlichen Kakaobaum den Gattungsnamen Theobromum verlieh, übersetzte er »Götterspeise« ins Griechische (theos = Götter; bromos = Speise).

3 Aus dieser ersten Beschreibung der Kakaowirkung hat sich das spanische Wort cacao mental mit der Bedeutung »Verwirrtheit« entwickelt.

der aphrodisischen »Götterspeise« in erster Linie die Dienste der städtischen Prostituierten im vorspanischen Mexico-Tenochtitlan, der aztekischen Hauptstadt, deren Trümmer unter der heute wohl größten Stadt der Welt, Mexiko, liegen.

Der spanische Konquistador Hernán Cortéz soll 1528 folgendes Kakaorezept nach Spanien mitgebracht haben (nach Montagniac 1996: 27):

700 g	Kakao
750 g	weißer Zucker
56 g	»Zimt« (Kaneel, vielleicht Canella winterana)[4]
14 Körner	»mexikanischer Pfeffer« = Chilipfeffer (Capsicum spp.)
14 g	»Gewürznelken« = Piment (Pimenta dioica)
3	Vanilleschoten (Vanilla planifolia)
1 Handvoll	»Anis« (wahrscheinlich Tagetes lucida)
1	Haselnuss (Corylus avellana L.) Prisen von Moschus, grauer Ambra und Orangenblütenwasser

Eine wichtige aztekische Zutat waren die aphrodisischen Kakaoblüten, die von Quararibea funebris und nicht von Theobroma cacao stammen (Rosengarten 1977). Der mit Quararibea-Blüten zubereitete Kakaotrunk heißt heute tejate (West 1992: 106). Überhaupt scheint Kakao eine wichtige Funktion als Trägersubstanz für andere psychoaktive und aphrodisische Pflanzen und psilocybinhaltige Pilze gewesen zu sein (Ott 1985). Die Kakaoblüte ist nicht die Blüte des Kakaobaumes, sondern ein eigenständiges, recht seltenes und in seiner Verbreitung lokal sehr begrenztes Gewächs. Dieser mit der dem schamanisch-kosmologischen Weltenbaum der Maya, der Ceiba (Ceiba pentandra) verwandte Baum bildet duftende weiße Blüten mit einem phallischen Stempel aus, die als aphrodisische Kakaowürze eine kulturell-ethnopharmakologische Bedeutung haben. Die Azteken schätzten nicht nur die Kakaobohnen, sondern auch die köstlich duftenden »Kakao-Blüten«, die aber von einem anderen Baum stammen:

ne chäk u wich äh käkaw — »Sehr rot ist die Frucht des Kakaobaumes«. Eine reife Kakaofrucht (Theobroma cacao).

Cacauaxochitl – Kakaoblüte

Er ist schlank, hoch, wie eine Steinsäule. Er verbreitet eine Würze; er ist wohlriechend, genau wie Yolloxochitl. Seine Blätter, sein Laubwerk sind schlank. Der Name seiner Blüte ist Cacauaxochitl; sie ist gelb, gelblich, klein, genauso wie die Acuilloxochitl. Ihr Geruch ist sehr dicht; er durchdringt einem die Nase. Sie hat tassenartige Blütenstände; der Name ihrer tassenartigen Blütenstände ist Poyomatli; ein wirklich angenehmer Duft ist ihre Würze. Der Baum, die Blüten, sein Laubwerk, alles hat einen angenehmen Duft, alles mit Duft erfüllt, alles würzig.

Ich schneide die Blüten, breite sie aus, ordne sie, bedecke sie mit Blättern, reihe sie auf, mache einen Blumenteppich

4   Der Kakaoblütenbaum Quararibea funebris wird in Veracruz auch canela, »Kaneel«, genannt (Martínez 1987: 1199). Ebenso heißt Calliandra anomala in Mexiko canelo.

Cacauaxochitl, Kakaoblüte (Quararibea funebris).
Rancho Ololiuqui, Xalapa, Mexiko; 9/1981, Foto: Jonathan Ott

aus ihnen, mache ein Blumenbett mit ihnen, breite sie über dem Land aus. Der Duft breitet sich über das ganze Land aus, wirbelt, wirbelt ständig, breitet sich ständig wirbelnd aus, breitet sich wogend aus.« (SAHAGUN XI)

»Kakaoblüte«

Diese botanische Darstellung wird als Quararibea funebris identifiziert. Im Begleittext heißt es: »Sie ist kalt und trocken. Eine halbe Unze, pulverisiert und in handwarmem Wasser aufgeschwemmt, ist heilsam für die Blutgefäße. Die Blüten sind sehr wohlriechend«. (Navarro 1801)

Die meisten aztekischen Kakaozutaten stammen von tropischen Pflanzen, also von Gewächsen, die im Mayagebiet gedeihen. Da wir jedoch kaum Quellen über die vorspanischen Kakaorezepte der Maya haben, können wir nur davon ausgehen, dass sie die gleichen Ingredienzen benutzten, denn dass sie sie kannten, ist unzweifelhaft. In der präkolumbianischen Mayakunst sind häufiger Affen dargestellt, die Zigaretten rauchen und Kakaofrüchte hal-

ten, dabei haben sie meist eine Erektion (RÄTSCH 2002). Ist dies ein Hinweis auf die aphrodisischen Qualitäten des Kakaos?

Die Lakandonen leben bis heute im tropischen Regenwald und sind unter den Mayavölkern die einzige Ethnie, die nicht erobert und von den Spaniern zwangsmissioniert wurde (die nördliche Lakandonengruppe ist bis heute ihrem Heidentum treu geblieben).

Die Kultur der Lakandonen, die sich selbst hach winik, »echte/ursprüngliche Menschen« nennen, wurzelt in der klassischen Mayakultur. Die Lakandonen sind keine stoischen, ernsten Indianer, so wie wir sie uns allzu oft (fälschlich) vorstellen. Es ist eine heitere Kultur, die uns in Naha' begegnet. Die Menschen lieben das Lachen, sie sehen im Lachen den Ausdruck eines guten Bewusstseins, d.h. einen Ausdruck der Gesundheit. Die Männer tragen

Die Lakandonen leben in partnerschaftlichen Verbänden ohne hierarchische Strukturen. Ihre Lebensgrundlage ist der Brandrodungsbau. Auf ihren Milpas bauen sie Mais, Bohnen, Kürbisse, Tomaten, Gemüse, Chilipfeffer, Zuckerrohr, Tabak usw. an (RÄTSCH 1997). Wenn sie im tropischen Tiefland leben, pflanzen sie auch Kakaobäume in ihren Hausgärten an. Sie schätzen den Kakao sehr und genießen ihn gerne.

Die Lakandonen von Naha' bereiten ihren Kakao auf folgende Weise zu.

Benötigte Zutaten:

u nek' käkaw	Kakaobohnen
näl	Maiskörner
[hach] ik	Chilischoten (Capsicum spp.)
buk luch	»Duftgefäß« = Vanillestangen
tab	Salz
sukal	Zucker; oder (besser):
yitz kab	»Bienensaft« = Honig

Die Kakaobohnen werden auf der Comal (früher ein Backblech aus Ton, heute eine Metallplatte) geröstet. Dabei werden die Bohnen die ganze Zeit per Hand auf der heißen Platte hin- und herbewegt – die Frauen scheinen keine Schmerzempfindungen durch die Hitze zu spüren – man munkelt, dass sie einen Zauberspruch zum Schutz vor Verbrennungen kennen! – So lange, bis sie ihre Farbe verändert haben und sich die Schale gelöst hat.

Die Kakaobohnen werden dann auf der ka' oder Metate[5] zu einem Brei zerrieben. Auch Maiskörner, die lange in einer Löschkalklauge (aus den gebrannten Schalen der äh t'unu' genannten Flussschnecken, Pachychilus indiorum) eingeweicht und gekocht wurden. Dadurch löst sich die harte Haut und der Mais wird durch das alkalische Mileau zu einer vollwertigeren Nahrung aufgeschlossen (NATIONS 1979).

Um den trockenen Mais benutzen zu können, müssen die trockenen steinharten Körner vom Kolben befreit in

Tlacoxiloxochitl
Die Blüte des Puderquastenstrauches (Calliandra anomala), von dem die Azteken einige Teile ihren komplizierten Kakaozubereitungen zugefügt haben. Palenque, Chiapas, Mexiko; 1/1996.

lange Haare. Es ist das Zeichen für die Ehrung der Tradition. Auf Lakandon ist das Wort für »Kopf« und »lange Haare« dasselbe (ho'ol). Deshalb sagt man von einem Mann, der sich die Haare geschnitten hat, er hat keinen Kopf mehr, d.h. er verachtet die Tradition. Sie tragen lange weiße Gewänder. Die Frauen flechten sich den Traditionen entsprechend die Haare zu Zöpfen und verzieren sie mit Vogelbälgen. Sie tragen unter dem weißen Gewand noch einen bunten Rock. Die Menschen sind meist sehr glücklich und kinderliebend. Sie leben gerne in großen Familienverbänden zusammen, denn dann gibt es immer etwas zu klatschen und zu lachen.

5 Die rituellen Steinmetate (Reibstein für Mais, Kakaobohnen, Anattosamen usw.) werden in der Zeremonialküche, die neben dem Götterhaus steht, aufbewahrt.

einer Kalklauge gekocht werden. Die Kalklauge wird aus gelöschtem Kalk hergestellt. Der gelöschte Kalk wird aus den dicken Schalen von essbaren Flussschnecken (Pachychilus indiorum) durch Brennen der Schalen und Löschen mit Wasser gewonnen (vgl. NATIONS 1979). Die Kalklauge löst die unverdauliche Außenhaut der Maiskörner und bewirkt einen Aufschluss der Nährstoffe. Die gut gewaschenen Körner werden zermahlen und zu einem Teig verknetet. Aus dem Teig werden die großen runden Fladen geformt.

Sie werden auf einer Tonscheibe über dem Feuer gebacken. Der durchschnittliche Verbrauch pro Kopf beträgt ca. 1 Kilo Maisfladen pro Tag. Zu den Maisfladen werden meist gekochte schwarze Bohnen, Chilischoten und Tomatensoße gereicht. Diese Kombination liefert alle nötigen Proteine, Kohlenhydrate, Vitamine und Mineralstoffe, die der Mensch benötigt (ORTIZ DE MONTELLANO 1990: 240f.). Aus dem Maisteig können auch verschiedene erfrischende, stärkende Getränke zubereitet werden. Besonders beliebt bei der Feldarbeit oder auf Jagdausflügen ist ein Trank aus Maispaste in Wasser mit Honig gesüßt.

Nachdem die Maiskörner mit frischem Wasser abgespült wurden, werden sie auch auf der Metate zu einem Brei zermahlen. Dieser Brei wird zu gleichen Teilen mit dem Kakaobrei zusammengeknetet. Er wird dann mit frischem Wasser so lange aufgekocht, bis eine sämige, dicke Flüssigkeit entsteht. Sie wird dann mit Chili und Vanille gewürzt und je nach Geschmack gesalzen (mit Meersalz oder Pflanzenaschen) oder gesüßt (mit Honig, Zuckerrohrsaft oder kommerziellem Zucker). Dieser hach käkaw, dieser »echte Kakao« hat nichts mit unserer Trinkschokolade, schon gar nichts mit Nesquik zu tun. Der echte Kakao ist eher eine Art Kraftsuppe. Das habe ich häufig so empfunden. Wenn ich erschöpft von einem Jagdausflug oder nach schwerer Milpaarbeit ins Dorf zurückgekehrt bin, konnte ich mich an echtem Kakao, ob salzig oder süß, laben. Schon kurz darauf fühlte ich mich entspannt, gestärkt, bereit zu neuen Taten. Die tonisierende und entspannende Wirkung ist wirklich verblüffend. Ein wahrer Kraftrunk aus dem Dschungel!

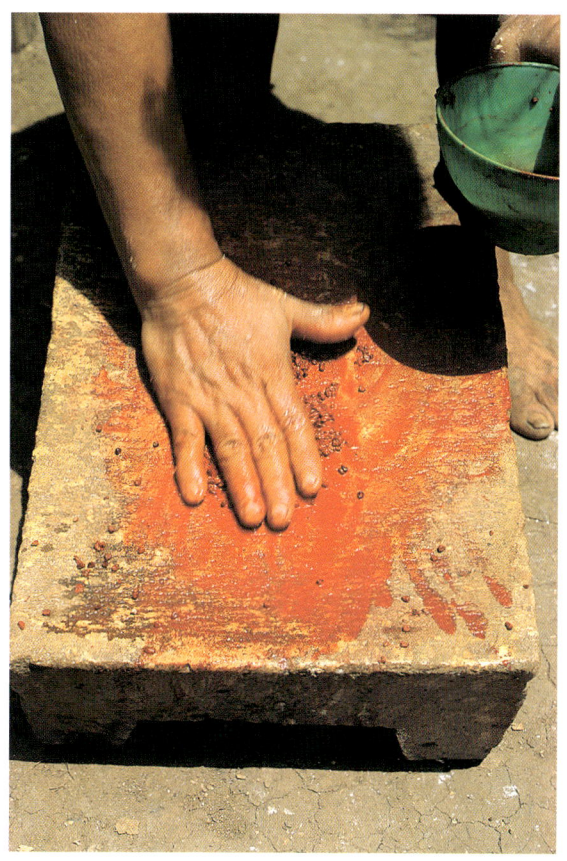

k'uxu'

Von den Samen des Anottostrauches (Bixa orellana) reibt eine yucatekische Mayafrau die rote Farbe, die zur Speise- und Kakaofärbung benutzt wird. Die rote Farbe ist ein Symbol für die Lebenskraft des Blutes. K'uxu' (Maya) oder Achiotl (Nahuatl) ist das »Blut des Kakaos«.

Kakaobohnen gehören zu den ältesten und wichtigsten Handelsgütern der Mayavölker. Sie waren geradezu eine monetäre Größe, ein geschätztes Gastgeschenk und ein Medium der sozialen und spirituellen Kontaktaufnahme, ganz ähnlich wie der Tabak (RÄTSCH 2002). Auch bei den Lakandonen gehören Kakaobohnen zu den sehr geschätzten Geschenken und Gaben zur Besiegelung mündlicher Verträge. Aber nicht nur zwischen Menschen, sondern auch zwischen Menschen und Göttern beiderlei Geschlechts. Der vor einige Jahren verstorbene Dorfälteste von Naha', Chan K'in Ma'ax, hatte mir erzählt, dass ihm sein Vater, der ein berühmter t'o'ohil, »Weiser/ Ratgeber« war[6], von einer speziellen Opferzeremonie mit

6 Er war einer der Hauptinformanten von Alfred Tozzer, der die erste größere Monographie zu den Lakandonen verfasst hat (1907).

95

ku t'ahik balche' ich luch
Ein alter Lakandone beim Abfüllen des berauschenden Balche'-Trankes,
auf den bei langen Opferritualen eine Kakaohaube aufgesetzt wird.
Naha', Chiapas, Mexiko; 2/1995.

wird der Brei aus den gerösteten Kakaobohnen in Wasser aufgeschwemmt, aber nicht gekocht. Dann muss eine Frau, es muss in diesem Falle unbedingt eine Frau sein!, die den Kaltwasseransatz mit einem Holzquirl (moliyoh) aufquirlt, bis ein dichter Schaum entsteht. Der wird von der Flüssigkeit mit einem Holzlöffel abgehoben und dem berauschenden Balche'-Trank, eine Art Honigbier (ca. 2-3 % Alkohol) mit dem Rindenextrakt des Balche'-Baumes (Lonchocarpus violaceus [Jacq.] DC., Leguminosae) als Haube aufgesetzt.[7]

Für das Opfer wird der Balche'-Trank in Baumkürbisgefäße (k'ä'luch) gefüllt und vor die Götterschalen (u läkil k'uh, tönerne Weihrauchbrenngefäße) gestellt. Dann wird überall der Kakaoschaum (u yomi käkaw) aufgesetzt. Von diesem Trunk werden mit einem eingerollten Palmenblatt (Bergpalme, Chamaedorea sp.) Tropfen an die Unterlippen der Gesichter der tönernen Götter und Göttinnen geführt. Dann wird der Copal in den Götterschalen angezündet. Sein Rauch setzt die »Seele« des Opfertrunkes frei und trägt sie in den Himmel. Dort verdichtet er sich in großer Quantität vor den Augen der Götter. Sie lieben diesen Rauschtrank genauso wie die Menschen auf der Erde. Mit dem Opfer nimmt der Bittsteller Kontakt mit den Göttlichen auf, trägt ihnen seine Sorgen und Nöte vor und bittet sie, der kranken Person zu helfen oder das Maiswachstum zu fördern. Nachdem die Götter ihren Teil erhalten haben, können jetzt die Menschen, die sich für das Ritual versammelt haben, den Kakaohaubenrauschtrank genießen. Solange der Vorrat reicht. Dieses gemeinsame Trinken wird meist ein sehr fröhliches Gelage. Bei den Lakandonen sind die Rituale keine ernsten, versteinerten Zeremonien, sondern lebendige, lustige und dynamische gemeinsame Erfahrungen, die den Gemeinschaftssinn, die Freundschaft und die sozialen Bindungen stärken.

In der Kosmologie der Lakandonen gehören die Götter genauso wie alle Pflanzen, Tiere und Menschen zum Kreis des Lebendigen und sind somit in die Kulturökologie eingebunden. Die Menschen sind von den Göttern genauso abhängig wie die Götter von den Menschen. Die

Kakaobohnen berichtet hat. Wenn jemand einen speziellen Wunsch an die Götter hatte, ging er mit ein paar Kakaobohnen und etwas pom oder Copal (Weihrauch aus dem Harz von Protium copal oder Pinus spp.) zu einem Yahche', einer Ceiba (Ceiba pentandra [L.] Gaertn., Bombacaceae), dem kosmologischen Weltenbaum der alten Maya. Er kniete am Stamm nieder, entzündete das Copal, streute die Kakaobohnen an den Stamm und bat den Baumgeist der Ceiba, die Seelen der »Speisen der Götter« (Copal, Kakaobohnen), wie mit einem »Fahrstuhl« durch den Stamm des Weltenbaumes in den Himmel zu tragen. Es gibt auch eine rituelle Kakaozubereitung, die nur für Opfer- und Heilungsrituale hergestellt wird. Dazu

7   Bei den Azteken haben die Frauen eine Schaumhaube mit Vanille gequirlt auf den Kakao gesetzt (Seler-Sachs 1984: 102).

Götter brauchen die Opfergaben der Menschen, sonst würden sie verhungern und traurig dahinwelken. Genauso brauchen die Menschen den Frohsinn der Götter, denn der garantiert eine gesunde Regenwaldökologie und schützt vor Katastrophen (vgl. Rätsch 1985b).

Beim Quirlen des Kakaoschaums muss die Frau ein Zauberlied[8] denken, nicht laut singen, denn der aufsteigende Schaum ist ein weiblicher Schöpfungsakt. So wie die Frau schwanger werden kann und an Leibesfülle gewinnt, so vermehrt sich auch das Volumen des Kakaos. Der Schaum ist sozusagen die »Schwangerschaft des Kakaos«. Wenn er auf das gegorene Getränk gesetzt wird, vermählt er sich mit dem männlichen Teil des fermentierten Ritualtrunkes. Damit haben beide Seiten der Schöpfung, die männliche und die weibliche, eine harmonische Einheit gewonnen, die sich auch kosmologisch ausdrückt.

u k'ayil käkaw
»Das Lied an den Kakao«

Dort erhebt er sich
Das ist meine Baumkürbisschale [luch, Crescentia cujete L.]
Das ist meine Bewegung
So habe ich den Schaum aufsteigen lassen
Ich habe es aufkochen lassen
So ziehe ich hier vorbei
Ich quirle
Dann ließ ich ihn aufsteigen
Dahin kehrte ich zurück und setzte mich
Ich quirlte
Ich habe es aufkochen lassen
Der Schaum kam so hervor
Heraus kam er aus dem K'ä'luch [Baumkürbisschale]
Ich bewege das K'ä'luch
Ich habe es aufkochen lassen
So heißt es
Erhebt sich
Ich quirlte
Dann ging ich und suchte den Kakao
Ich kochte den Kakao
So ist es
Ich benutzte das K'ä'luch
Ich kochte ihn gerade
Dann kehrte ich zurück und kochte ihn
Da erhob er sich mit einem Male
Ich halte das Sul-Schälchen [aus einem kleinen Baumkürbis] fest
Dann erhebt er sich
Ich hielt das kleine K'ä'luch fest
Dann ging ich in die Zeremonialküche
Ich quirlte
Dann betrachteten sie mich, als ich kam
Sie seufzen über den gequirlten Kakao
Er ist für unsere Herren
Es erhebt sich mein Werk für Unseren Herrn [Hächä yum]
Es ist wahr, ich quirlte
So gehe ich und quirle
Den Kakao
Dort erhebt er sich
Es schäumt
Meine Lösung
Beendet ist mein Lösen
Ich nahm den Quirl meines Kakaos
Es schäumte auf
Ich ließ den Schaum aufsteigen
Ich ließ ihn aufkochen.
(Ma'ax und Rätsch 1984: 246f.)

Der Baum des Jaguars

Der wilde Kakaobaum ist den Lakandonen unter dem Namen balum te', »Jaguarbaum« bekannt. Er wächst nur im Dschungel, der Selva Lacandona. Er gilt als der beste Kakaolieferant weit und breit. Ein aus ihm bereitetes Getränk soll wunderbar stärkend sein. Und seine Boh-

---

8 Die Lakandonen von Naha' haben keine spirituellen oder religiösen Spezialisten; es gibt auch keinen Häuptling oder Schamanen. Aber die gesamte Kultur ist schamanisch. Jeder Kulturträger verfügt über schamanisches Wissen, individuell kann dieser Wissensstand sehr unterschiedlich sein. Dem Kulturideal zufolge sollte jeder Mann und jede Frau gewisse Zaubersprüche und -lieder kennen. Allerdings gibt es nur sehr wenige Menschen, die überdurchschnittlich viel traditionell-schamanisches Wissen zur Verfügung haben. Während meiner Feldforschungsphase 1981-1983 (vgl. Rätsch 1985a) gab es nur eine Frau, die das Kakaolied kannte.

Tlacoxiloxochitl
Die Blüte des Puderquastenstrauches (Calliandra anomala), von dem die Azteken einige Teile ihren komplizierten Kakaozubereitungen zugefügt haben. Palenque, Chiapas, Mexiko; 1/1996

dona (Chiapas/Mexiko) vorkommt. Diese Form gilt als einer der natürlichen Vorläufer des kultivierten Kakaobaumes (Baumann und Seitz 1994: 943).[9]

Der Lakandonname balumte', entsprechend im alten Maya balamte', deutet auf eine schamanische Bedeutung dieses Gewächses hin. Denn das Wort Jaguar ist gleichbedeutend mit »Schamane«; es war vielleicht einstmals ein »Jaguarschamanen-Baum«. Kakao als Aphrodisiakum? Praktisch alle bisher bekannten mesoamerikanischen Kakaozusätze werden ethnomedizinisch als Aphrodisiaka benutzt: Kakao, Chili[10], Vanille, Piment, Kakaoblüte, Perubalsam, Honig, Zauberpilze, Goldkelche, Yauhtli, Maticopfeffer usw. (Müller-Ebeling und Rätsch 2002).

In dem mit Juliette Binoche und Johnny Depp erfolgreich verfilmten Roman Chocolat wird ein aphrodisisches Rezept für Schokoladenpralinés in das Zentrum des Geschehens gerückt. Als Zutaten werden lediglich besondere Schokolade und Chili nach einem alten Rezept aus Guatemala genannt (Harris 2001).

Rezept für eine aphrodisische Chocalate, das »Lieblingsgetränk des sinnlich-lüsternen Rokokozeitalters« (nach Aigremont 1987: II 87):

Pro Becher nehme man

2 Eßlöffel	Kakaopulver
1 Messerspitze	Vanille, gemahlen (nur echte verwenden!)
1 Messerspitze	Zimtrindenpulver
1 Messerspitze	Perubalsam [Myroxylon balsamum (L.) Harms var. pereira (Royle) Harms, syn. Toluifera pereira (Royle) Baill., Leguminosae]
1/2 Teelöffel	Kardamom, pulverisiert
1/4 Liter	Vollmilch

nen sollen für rituelle Zwecke besser geeignet sein als die des kultivierten. Diese Wildform ist als Theobroma cacao forma lacandonense Cuatr. beschrieben worden; sie ist ein halb-kletternder Wildstrauch, mit relativ kleiner Frucht, der tatsächlich im Primärwald der Selva Lacan-

9   Eine andere mittelamerikanische Kakaoart (Theobroma bicolor Humb. et Bonpl.) heißt auf Maya kakaw oder xaw, auch balamte', »Jaguarbaum« (Barrera M. et al. 1976: 50, 292) sonst wird er in Mexiko Cacao blanco, Cacao malacayo, Pataste oder Pataxte genannt (Hernández 1987: 1228).

10   Es gibt sogar einen speziellen Chile de Chocolate.

Zuerst wird die Milch mit dem Kakaopulver kurz aufgekocht. Dann gewürzt und nach Belieben mit Zucker oder
Honig gesüßt.

Xocoxóchitl
»Schoko-Blume«
Pimentfrüchte (Pimenta dioica) waren ein aztekisches Kakaogewürz.

Literatur

– AIGREMONT, Dr. [Pseudonym]
  1987 Volkserotik und Pflanzenwelt, Berlin: EXpress Edition (Reprint von 1907/1910).

– CASTELLO YTURBIDE, Teresa
  1987 Presencia de la comida prehispanica, México, D.F.: Bana-
  mex.

– DIBBLE, Charles E. und Arthur J. O. Anderson
  1963 Florentine Codex, Book 11 – Earthly Things, Santa Fe: The
  University of Utah.

– DRESSLER, Robert L.
  1953 »The Pre-Columbian Cultivated Plants of Mexico«, Botanical
  Museum Leaflets 16(6): 115-172 + Plate XX.

– FOSTER, Nelson und Linda S. Cordell (Hg.)
  1992 Chilies to Chocolate: Food the Americas Gave the World,
  Tucson, London: The University of Arizona Press.

– HARRIS , Joanne
  2001 Chocolat – Roman (5. Aufl.), München: Ullstein.

– HEFFERN, Richard
  1974 Secrets of Mind-Altering Plants of Mexico, New York: Pyra-
  mid.

– MA'AX, K'ayum und Christian RÄTSCH
  1984 Ein Kosmos im Regenwald: Mythen und Visionen der Lakan-
  donen-Indianer, Köln: Diederichs (2., erw. Aufl., München: Diederichs 1994).

– MARTÍNEZ, Maximino
  1987 Catálogo de nombres vulgares y científicos de plantas me-
  xicanas, Mexiko Stadt: Fondo de Cultura Económica.

– MONTIGNAC, Michel
  1996 Gesund mit Schokolade, Offenburg: Artulen-Verlag.

– MÜLLER-EBELING, Claudia und Christian RÄTSCH
  2002 Lexikon der Liebesmittel, Aarau: AT Verlag.

– NATIONS, James
  1979 »Snail Shells and Maize Preparation: A Lacandon Maya Ana-
  logy«, American Antiquity 44(3): 568-571.

– NAVARRO, Fray Juan
  1992 Historia natural o Jardín Americano (Manuscrito de 1801).
  México, D.F.: UNAM.

– ORTIZ DE MONTELLANO, Bernard R.
  1990 Aztec Medicine, Health, and Nutrition, New Brunswick, London: Rutgers University Press.

– OTT, Jonathan
  1985 Chocolate Addict, Vashon, WA: Natural Prod.

– RÄTSCH, Christian
  1985a Das Erlernen von Zaubersprüchen: Ein Beitrag zur Ethno-
  medizin der Lakandonen von Naha', Berlin: EXpress Edition.
  1985b Bilder aus der unsichtbaren Welt: Zaubersprüche und Na-
  turbeschreibung der Maya und Lakandonen, München: Kindler.
  1997 »Die traditionelle Landwirtschaft und Ernährung der Lakandonen von Naha'«, in: Erika DIALLO-GINSTL (Hg.), Ernährung und Gesundheit: Von anderen Kulturen (essen) lernen, S. 44-61, Stuttgart: Hampp Verlag/Neckarsulm: Natura Med.
  1998 Enzyklopädie der psychoaktiven Pflanzen, Aarau: AT Verlag
  (6., erw. Aufl. 2002).

  2002 Schamanenpflanze Tabak, Solothurn: Nachtschatten Verlag.

– REENTS-BUDET, Dorie (Hg.)
  1994 Painting the Maya Universe: Royal Ceramics of the Classic
  Period, Durham und London: Duke University Press.

– ROSENGARTEN, Frederic, Jr.
  1977 »An Unusual Spice from Oaxaca: The Flowers of Quararibea
  funebris«, Botanical Museum Leaflets 25(7): 183-202.

– SELER-SACHS, Caecilie
  1984 Frauenleben im Reiche der Azteken, Berlin: Reimer (Reprint
  von 1919).

– TOZZER, Alfred M.
  1907 A Comparative Study of the Mayas and the Lacandones,
  New York, London: Macmillan.

– WEST, John A.
  1992 »A Brief History and Botany of Cacao«, in: Nelson FOSTER und
  Linda S. CORDELL (Hg.), Chilies to Chocolate: Food the Americas
  Gave the World, S.105-121, Tucson und London: The University of
  Arizona Press.

Gisla Gniech

Schokoladenzauber – Schokoladenglück

Gute Schokolade wird von Fachleuten, den Chocolatiers, in einem komplizierten Prozess vor allem aus Kakao und Zucker hergestellt. Die aus den Tropen stammende Kakaopflanze wird von Botanikern auch »Theobroma« genannt, was nach griechischer Sprache Göttertrank heißt. Viele angenehme Attribute werden der Schokolade zugeschrieben, die aus den Früchten des Götterspeisenbaumes geköchelt wird.

Was ist es nun, das die Schokolade so attraktiv macht:
-   Die Wirkung der einzelnen Bestandteile von Schokolade auf den Organismus?
-   Die sinnlichen Erfahrungen beim Verzehr von Schokolade?
-   Die Exklusivität von Schokolade und deren symbolische Bedeutung?

Im Folgenden will ich versuchen, die drei Fragen zu beantworten.

»Soul food« bzw. Nervennahrung

Wir kennen Schokolade meist als süße Sünde, die die Assoziation zu Erotik nahe legt. Nun werden Sie einwenden, das sei doch ein pur kultureller Aspekt – aber so simpel ist das nicht.

Die sog. Wurtman Hypothese (s. Grunert, 1993, S. 126) besagt, dass man gute Laune tatsächlich essen kann. Kohlenhydrate, und die sind in Schokolade reichlich enthalten (denn Schokolade besteht vor allem aus Kakao und Zucker), heben den Glückshormonspiegel im Hirn an. Experten sprechen u.a. von einem Neurotransmitter, den sie Serotonin nennen. Eine Gier nach Kohlenhydraten, im Volksmund »Süßhunger« genannt, tritt dann auf, wenn ein Defizit der Hirnbotenstoffe eine sog. saisonale Affektstörung verursacht hat. Solche negativen Befindlichkeitstiefs sind uns allen bekannt: Der Mensch wird lethargisch, deprimiert, unlustig, konzentrationsgestört und entwickelt einen Appetit auf Süßes, bevorzugt Schokolade, die aus diesem Grund ja auch als »Sonne für die Seele« bezeichnet wird. Diese Zustände werden z. B. als Winterdepression oder Frühjahrsmüdigkeit, als prämenstruelle Verstimmung oder auch Jetlag beschrieben.

Die biochemischen Systeme des Organismus werden u.a. durch das Hormon Melatonin, welches den Schlaf-Wach-Rhythmus reguliert, und den Neurotransmitter Serotonin gesteuert. Beide Stoffe hängen z.B. von der sog. Photoperiode ab, das ist die »Sonnenscheindauer« bzw. Tageslänge. Schokolade kann besonders in der dunklen Jahreszeit als Psychopharmakum gegen deprimierte Stimmungen und schlechte Laune eingesetzt werden, so dass Glücksgefühle durch den Verzehr mobilisiert werden können.

Die Inhaltsstoffe von Schokolade sind vielfältig; zu den bekanntesten gehören:
-   Theobromin
-   Salsolinol
-   Koffein
-   Polyphenol (Gerbstoffe)
-   Fett
-   Anadomin
-   Zucker
-   Phenylthylamin

Die Bestandteile des Kakaos sollen außerdem besonders durch die darin enthaltenen Flavonoide, Antioxydantien etc. günstig auf das Herz-Kreislauf-System wirken, so dass von einer gesunderhaltenden Wirkung gesprochen wird. Schlagzeilen in den Medien haben sogar schon den Tenor gehabt: »Schokoladenliebhaber leben länger.«

Auf jeden Fall sind die Menschen bei moderatem Genuss von Schokolade offensichtlich glücklicher … Schokolade enthält nämlich auch winzige Mengen von Wirkstoffen (Anandamid), die in Marihuana (Haschisch) enthalten sind, weshalb sie einen »Drogeneffekt« haben kann. Aber süchtig ist man bei Schokolade eher auf den Geschmack im weitesten Sinne.

»Fun Food« bzw. Spaßgenuss

Es gibt wissenschaftliche Untersuchungen, bei denen die einzelnen Komponenten von Schokolade (darunter auch Kapseln mit Kakaopulver) von Probanden verzehrt wurden (Rozin, 1987). Nichts reichte im Urteil an die wirkliche Schokolade heran. Das Ganze war als sinnlicher Genuss eben doch mehr als die Summe seiner einzelnen Bestandteile. Das sensorische Genussprofil von Schokolade ist einmalig: Das viel versprechende Verpackungsdesign, das Staniolknistern, das sanfte Braun, die glänzende Oberfläche, der Knack beim Abbrechen oder Abbeißen, der etwas herbe Duft, die bittere Süße, vor allem der Gegensatz von hartem Biss und zartem Schmelzen im Mund: köstlich!

Eine der wichtigsten sinnlichen Aspekte von Schokolade ist die Orosensorik: das Mundgefühl. Die Zahnentwicklung des Menschen legt nahe, dass die adäquate und bevorzugte Nahrungskonsistenz im Lebenslauf sich von flüssig über bissfest wieder zu breiig verändert. Entsprechend hat Fritz Perls (1978) den Säugling bzw. Lutschling vom Kauling und vom Beißling unterschieden. Schokolade macht in allen Lebensaltern (unabhängig von der Gebissbeschaffenheit) einen genussvollen Verzehr möglich. Gerade die sich verändernde Konsistenz des Kakaobutteranteils durch die Wärme des Mundes von bissfest zu weich fließend macht die Schokolade zu einem begehrenswerten Naschwerk: Sowohl aktive als auch passive orale Bedürfnisse werden befriedigt. Im Mund findet ein plastisches Erlebnis statt: Die harte, meist eckige Kontur wird zur geschmeidigen Süße.

Schokolade ist durch die bipolare spannungsgeladene Reizung der Sinne keine normale Süßigkeit, sondern verschafft außergewöhnliche Sinnlichkeit. Die Aromaentfaltung (d.h. Geruch und Geschmack) birgt nämlich ebenfalls eine Ambivalenz: Süß und bitter sind beide dominant vertreten mit winzigen Anklängen von sauer und salzig. Diese Vielfalt der sinnlichen Wahrnehmung gleicht einem multimedialen Erlebnis und wird mit höchster Befriedigung genossen.

»Power-Food« bzw. Liebesspeise

Schokolade ist ein Kulturgut; in der Natur kommt sie nicht vor. Ausgangspunkt ist eine malvenartige Pflanze (verwandt mit Hibiscus und den Coca-Nuss-Bäumen), die im Regenwald Mittel- und Südamerikas wächst und 100 Jahre alt werden kann. Sie wurde von dem Botaniker Carl von Linné (1707–1778) »Theobroma cacao« genannt. Diese Bäume werden bis zu neun Metern hoch und tragen ca. 30 Früchte, welche handlang sind. In ihnen liegen 30–50 Samenkörner, die sog. Kakaobohnen in einem weißlichen Fruchtfleischbett. Die Bohnen waren selten und wertvoll, sie dienten zum Teil als Geldersatz zum Tauschen von Waren (auch Prostituierte wurden gern mit Kakaobohnen bezahlt).

Mit den Kakaobohnen wurde z.B. bei den Azteken Mexikos seit Urzeiten ein köstliches Getränk bereitet, nachdem sie getrocknet, geröstet und gemahlen sowie u.a. mit Cayennepfeffer versetzt worden waren. Dieses sog. Xocolatl oder Cacahuatl (herbes Kakaowasser) war Luxus. Das bitterpfeffrige Getränk war anregend und wohltuend. Es kam mit Columbus (s. Gniech, 2001) im 16. Jahrhundert nach Europa, wurde hier aber nicht sehr geschätzt.

Die Kakaobohne ist eigentlich eine Ölfrucht. Erst nachdem der Fettgehalt des Kakaopulvers reduziert wurde, konnte daraus unter Zugabe von Milch und Zucker ein für Europäer verträglicher und auch wohlschmecken-

Die Frucht, aus dem die Träume sind: die Kakaobohne. Palenque, Chiapas, Mexiko.

der Trunk gekocht werden (die entzogene Kakaobutter wird als kosmetische und pharmazeutische Zugabe von Cremes und Salben geschätzt). Eine heutige (versüßte) Version ist im folgenden Rezept enthalten:

2 Vanilleschoten in 1 Liter Milch erhitzen,

die Schoten herausnehmen,

das Vanillemark auskratzen und zu der Milch geben.

Ebenso 2 Esslöffel reinen Kakao,

2 Esslöffel Honig,

2 Esslöffel braunen Zucker,

1 Teelöffelspitze voll Cayennepfeffer oder einige Tropfen Tabasco,

1 Prise Salz,

2 Esslöffel Rum oder Tequila

(andere Rezepturen fügen auch noch Zimt, Kardamom, Nelken in kleiner Dosierung zu…).

Dieses Getränk soll aufgrund der darin enthaltenen Vitamine und Mineralstoffe nicht nur heilsam sein, sondern sogar aphrodisierende Wirkung haben. Die erfolgreichste Veredelung des Kakaos war aber die Essschokolade, wie wir sie alle kennen. Eine hohe Qualität wird durch die Herstellungszauberformel ZBT erreicht, d.h. Zeit – Bewegung – Temperatur müssen bei diversen Rezepturen (Kakao, Zucker, Aromen, evtl. Milch) optimal aufeinander abgestimmt sein. Dieses sog. Conchieren (verschmelzendes Rühren bis zu 48 Stunden) ist das Geheimnis guter Schokolade.

Die Güte der diversen Edelschokoladen (mind. 40 % Kakaoanteil) kann qualitativ bis zur Bitterschokolade (über 60 % Kakaoanteil) gesteigert werden. In jedem Fall sind Schokolade oder die daraus geschaffenen Pralinen besonders für weibliche Feinschmecker und Genießer höchst attraktiv. Sie wurden oft als Liebesgabe von den Kavalieren verschenkt, um wohlgesonnen zu stimmen. Viele Filme und Kunstwerke bedienen sich der Symbolik dieser süßen Nascherei, um Träume, Hoffnungen, aber auch Vergänglichkeit auszudrücken.

Allerdings birgt das erlesene Geschmackserlebnis die Gefahr einer Fressentgleisung. Schokolade ist kontraproduktiv zum Schlankheitswahn der Zivilisationsgesellschaften (Gniech et al., 1999).

Wenn aber Genuss das Handeln bestimmt und die Schokolade maßvoll Stückchen für Stückchen quasi als Mund- und Seelenschmeichler verzehrt wird, dann ist sie gesund, heilsam, beglückend und auch freundlich stimmend: also ein wahres Pharmazeutikum für Körper und Seele, was sich auch äußerst günstig im mitmenschlichen Bereich ausdrückt. Die Lust beim Schokoladengenuss drückt sich sogar in der Mimik aus: Es entsteht ein lächelndes Antlitz. Und aufgrund der »facial-feedback«-Hypothese wird angenommen, dass eine glückliche Mimik zu glücklichen Gefühlen führt. So schließt sich der Kreis von der pharmazeutischen Wirkung der Schokolade zum therapeutischen Ausdrucksverhalten.

Schokolade gilt als Aphrodisiakum, d.h. sowohl die glücklich machende Wirkung der Inhaltsstoffe als auch der erfreuliche Genuss und die symbolische Attribution liebevoller Atmosphäre zusammen ergeben eine Art Gesamtkunstwerk. Solche Assoziationen sind Grundlage für das »Splotching« (der Begriff stammt aus der englischen Sprache und bedeutet herumklecksen), eine hocherotische Situation, in der Lebensmittel auf nackte Leiber drapiert und vom Liebespartner gegessen werden (Barbach & Levine, 1980). Schokolade bietet sich da als cremige Substanz an und trägt durch den guten Geschmack auch erheblich zum Spaßfaktor bei.

Ein Aspekt sei zum Schluss noch kurz angemerkt, der die Farbe der Schokolade betrifft: Braun ist bei uns eine der unbeliebtesten Farben (Gniech & Stadler, 2000); lediglich im Wohnbereich signalisieren Brauntöne warme Behaglichkeit durch die Assoziation zu Naturprodukten wie Holz, Leder, Wolle. Aber auch beim Essen ist Braun mit dem angenehmen Attribut knusprig-aromatisch verbunden, wobei an gebratenes Fleisch, gebackenes Brot, gebräunten Kuchen, an Kaffee, Tee, Bier und eben Schokolade gedacht wird. Dies sind alles edle Zubereitungen, die gehaltvollen Genuss versprechen (Gniech, 2002).

So ist Schokolade eine verführerische Angelegenheit, die den menschlichen Körper und die Seele in einen verliebten Wohlfühlzustand versetzt. Was wollen wir mehr?

Literatur

- Bailleux, N., Bizeul, H., Feltwell, J., Kopp, R., Kummer, C., Labanne, P., Pauly, C., Perrard, O. & Schiaffino, M. (1996). Das Buch der Schokolade. München: Heyne.
- Barbach, L. & Levine, L. (1980). Der einzige Weg, Oliven zu essen und andere intime Geständnisse. Berlin: Ullstein.
- Baur, E. G. (1997). Süße Gelüste (Wie die Stimmung uns beim Essen beeinflußt). Stuttgart: Hirzel.
- Chafetz, M. D. (1990) (Ed.). Nutrition and Neurotransmitters (The nutrient Basis of Behavior). Eglewood Cliffs, N. J.: Prentice-Hall.
- Child, I. L., Cooperman, M. & Wolowitz, H. M. (1969). Esthetic Preference and other Correlates of active- versus passive Food Preference. Journal of Personality and Social psychology, 11, 75-84.
- Coady, C. (1998). Schokolade (Das Handbuch für Genießer). Köln: Benedikt-Taschenverlag.
- Gniech, G., Bölitz, A., Lange, M., Bark-Lenz, G., Harden, J., Lex, B. & Ahrens, M. (1999). Wonneproppen – dicke Menschen in »mageren Zeiten«. Lengerich: Pabst Science Publishers.
- Gniech, G. (2001). Kolumbus: Unstet, berühmt, abenteuerlustig. In: H. Reuter, P. Schwab, D. Kleiber, G. Gniech (Hrsg.). Wahrnehmen und Erkennen. Lengerich: Pabst Science Publishers.
- Gniech, G. (2002). Essen und Psyche (Über Hunger und Sattheit, Genuß und Kultur). Heidelberg: Springer (2., überarbeitete Auflage).
- Gniech, G. & Stadler, M. A. (2001). Die Farbe. Psychologie für Alle. Bremen: Donat Verlag.
- Grunert, S. C. (1993). Essen und Emotionen (Die Selbstregulierung von Emotionen durch das Eßverhalten). Weinheim: Psychologie Verlags Union.
- Habs, R. & Rosner, L. (1982) Appetitlexikon (Ein alphabetisches Hand- und Nachschlagebuch über Speisen und Getränke). insel taschenbuch.
- Liebs, E. (1988). Das Köstlichste von Allem (Von der Lust am Essen und dem Hunger nach Liebe). Zürich: Kreuz Verlag.
- Moskowitz, H. R. (Ed.) (1987). Food Texture (Instrumental and Sensory Measurement). New York: Marcel Dekker.
- Perls, F. S. (1978). Das Ich, der Hunger und die Aggression (Die Anfänge der Gestalt-Therapie). Stuttgart: DTV Klett Kotta.
- Rozin, P. (1987). Sweetness, Sensuality, Sin, Savety and Socialisation: Some Speculations. In: J. Doobing (Ed.) Sweetness. New York: Springer.
- Spring, B., Chiodo, J. & Brown, D. J. (1987). Carbohydrates, Tryptophan, and Behavior: A Methodological Review. Psychological Bulletin, 102, 234-256.
- Wurtman, R. J. (1982). Nährstoffe, die Gehirnfunktionen fördern. Spektrum der Wissenschaft. Juni 1982, 88-101.
- Wurtman, R. J. & Wurtman, J. J. (1984). Nutrients, Neurotransmitter Synthesis, and the Control of Food Intake. In: A. J. Stunkard & E. Stellar (Eds.) Eating and disorders. New York: Raven Press.
- Wurtman, R. J. & Wurtman, J. J. (1989). Kohlenhydrate und Depression. Spektrum der Wissenschaft. März 1989, 86-93.

Hartmut Roder

Die Zukunftslust am Süßen

Innovationen, Trends, Visionen

Der deutsche Schokoladenmarkt: heiß umkämpft und stark segmentiert

Die Faszination der Schokolade bei Jung und Alt ist ungebrochen. Im Jahre 2001 spielte sie gleich in zwei Kinohits die Hauptrolle: in »Chocolat« und in »Schokolade zum Frühstück«. Einmal erschien sie als geheimnisvolle Kostbarkeit, ein anderes Mal fungierten die süßen Höhepunkte als Frust abbauende Dickmacher. Mit einem Pro-Kopf-Verbrauch von 8,18 kg lagen die Deutschen bei Schokolade und Schokoladenwaren im Jahre 2000 hinter der Schweiz und hinter Norwegen auf Platz drei weltweit. Dazu kamen noch einmal ca. 4,3 kg weitere Süßwaren. Allein in der Weihnachtszeit werden nur für Weihnachtsmänner 10.000 t Schokoladenmasse in Deutschland verarbeitet. Obwohl den Deutschen nach wie vor die Schokolade schmeckt, weist die Produktion von Schokolade und Schokoladenwaren ebenso wie die Kakaonotierungen in den vergangenen zehn Jahren doch erhebliche Schwankungen auf.

Gerade im Jahre der Euroeinführung hat der Markt infolge verunsicherter Leckermäuler insgesamt eine schrumpfende Richtung eingeschlagen. Während im Spitzenjahr 1996 ca. 820.000 t Schokolade und Schokoladenwaren in Deutschland hergestellt wurden, erreichte die Produktion 2000 lediglich eine Größenordnung von 720.808 t. Deutlich hat sich die Trennung und Polarisierung zwischen den Massenanbietern von Konsumschokoladen und den Traditions- und Edelconfiseuren im Premiumsektor fortgesetzt, so dass von einem einheitlichen Schokoladenmarkt kaum die Rede sein kann. Während die Übergänge fließender geworden sind, stellen sich die Herausforderungen und Lösungen auf den einzelnen Teilmärkten recht unterschiedlich dar. Auch wenn die Grenzen der

einzelnen Marktsegmente zunehmend ineinander übergehen, so teilte sich mengenmäßig der gesamte Schokoladenmarkt im Jahre 2000 in folgende Großblöcke auf: 1. 32,4 % gefüllte Tafeln und Riegel; 2. 23,6 % ungefüllte Tafeln und Riegel; 3. 10,8 % andere gefüllte Schokoladenerzeugnisse; 4. nicht alkoholhaltige Pralinen (10,4 %) und 5. 9,9 % andere ungefüllte Schokoladenerzeugnisse. Angesichts eines allgemein nur leichten Mengenwachstums legte allein die Kategorie »Andere ungefüllte Schokoladenerzeugnisse« zu, während die ungefüllten Tafeln und Riegel in etwa gleich blieben und die gefüllten Tafeln und Riegel einen Rückgang von über 5 % hinnehmen mussten. Der Wert des deutschen Schokoladenmarktes machte im Jahre 2000 3,2 Mrd. Euro aus. Davon nahmen die gefüllten Tafeln und die Riegel einen Anteil von 25,4 % ein[1].

Nicht nur die erheblichen Werbeinvestitionen der Schokoladenbranche, die sich mit annähernd 700 Mill. Euro im deutschen Branchenvergleich auf Platz drei befindet, sondern vor allem auch die zahlreichen süßen oder salzigen Mitbewerber um den »stomach-share« (Magen-Anteile) der Verbraucher machen deutlich, dass der Schokoladenmarkt insgesamt ein heiß umkämpftes Feld mit in Qualität und Quantität recht unterschiedlichen Anbietern ist. Angesichts eines stark umworbenen, grundsätzlich überversorgten sowie satten Konsumenten ist der Süßwarenmarkt ein sehr innovativer Markt, auf dem sich allein fast ein Drittel der Produkte nicht länger als fünf Jahre befindet. Daher gilt es für die Schokoladenanbieter, ein ausbalanciertes Angebot zu entwickeln, das immer wieder sowohl zeitgerechte moderne Produkte auf den Markt bringt, als auch das traditionelle, eng mit dem Markenbild verbundene Sortiment weiterentwickelt. Der hohe Innovationsdruck vor allem im marktdominierenden mittelpreislich Segment der Konsumschokoladenanbieter, aber auch bei den Premiumerzeugern gestattet einen Einblick in aktuelle

1   Siehe Info-Zentrum Schokolade, www.infozentrum-schoko.de

Trends und Innovationsprozesse und ermöglicht eine Reihe von Prognosen für den deutschen Schokoladenmarkt der Zukunft. Schokoladenmarken des unteren Preissegments und Handelsmarken auf dem Süßwarensektor, die sich ausschließlich über den Preis definieren, werden daher in diese Betrachtung nicht einbezogen, da sich zudem ihr Abstand zu den darüber liegenden Markenprodukten deutlich vergrößert hat.

Schokotrends zu Beginn des 21. Jahrhunderts

Generell wird sich der gesteigerte Innovationsrhythmus - wie schon auf dem gesamten Lebensmittelsektor – auch auf dem Schokoladenmarkt weiter fortsetzen. Während dem Verbraucher früher eine übersichtliche Auswahl von Lebens- und Genussmitteln zur Verfügung stand, die oftmals bestimmte rituelle Essgewohnheiten zur Folge hatte, vollzieht sich seit ungefähr 25 Jahren eine komplette Wandlung unseres Konsumverhaltens, indem eine Hinwendung zur Vielfältigkeit der Ernährung, zur Offenheit und Aufgeschlossenheit auch fremden Genüssen und Rezepturen gegenüber stattfindet. Ähnlich wie die Öffnung zur ethnischen oder internationalen Küche setzt sich zunehmend der Wunsch nach Abwechslung auch bei Schokoladenköstlichkeiten durch, wobei die gehobene Wohlstandsausstattung zu einem ansteigend experimentierfreudigen Verbraucher führt, der andere, höherwertige und ihm einen Distinktionsgewinn versprechende Produkte ausprobieren möchte. Mit der stärkeren Hinwendung zur Seins- und Genussorientierung, die das Ernährungsbedürfnis in den Hintergrund drängt, veränderte sich auch die Stellung der Schokolade. Das bewusste Genußerlebnis, also das, was im Mund passiert, das »mouthfeeling«, tritt stärker in den Vordergrund. Von einem trivialen und nicht besonders profilierten Genussmittel galt es vor allem für die Premiumanbieter, Edelschokoladen mit neuen Geschmacksrichtungen zu generieren und auf einem speziellen Nischenmarkt als einzigartige Markenartikel zu platzieren. Während Schokoladenwaren weiterhin vorwiegend typische Impulskauf-Artikel sind, gilt es, diesen Nachholbedarf auszufüllen, indem neue Qualitäten und Innovationen auf dem Markt eingeführt werden. Hier machten sich z.B fünf marktauffällige Trends bemerkbar:

Zu allen Anlässen die passende Schokolade, Milka macht´s vor.

1. Der Vormarsch kakaointensiverer Schokoladen

Indem zunehmend Schokoladen mit höherem Kakaogehalt den ursprünglichen Geschmack von Schokolade im Gaumen des Verbrauchers hervorrufen, vollzieht sich eine Verschiebung der Geschmacksvorlieben hin zu dunkleren, herberen, natürlicheren und aromatischeren Produkten. Parallel mit der Verwendung hochwertiger Edelkakaos aus Mittelamerika, die nur ca. 5 % der Weltkakaoernte ausmachen, findet eine Regionalisierung der Kakaoprovenienzen statt. Nur qualitativ wertvolle Rohkakaos können dabei Verwendung finden.

Gerade der hochwertige Tafelmarkt steht hier vor einem gewaltigen Potential an Nachholmöglichkeiten, indem er Formate mit unterschiedlich hohem Kakaogehalt mit speziellen Rezepturen auf den Markt bringen kann und somit spezielle einzigartige Geschmacksrichtungen entwickelt. Infolge der Verwendung ausschließlich hochwertiger Kakaosorten und besonders intensiver und lang andauernder Produktionsverfahren mit einem Conchierungsprozess von bis zu 72 Stunden wird somit dem allgemeinen Preisverfall auf dem Tafelmarkt eine wertvolle und hochpreisige Alternative gegenübergestellt. Während in Frankreich traditionell dunkle Schokoladen eine starke Verbraucherpräferenz genießen, öffnet sich der deutsche Markt erst nunmehr deutlicher dem »trockenen«, hochprozentigen und wertigeren Schokoladengeschmack, der mit geflavourten Produkten eine weitere Segmentierung und feinere Nuancierung erfährt.

Ob eine Herkunfts-, Sorten- und Lagenorientierung der Rohstoffe, ähnlich wie beim Wein, überhaupt möglich ist, muss allerdings bezweifelt werden; denn erstens sind Kakao- und Weinanbau nur bedingt vergleichbar von ihren Qualitätsfaktoren her und zweitens erscheint der allgemeine Informationsgrad der Schokoladen-Connaisseure doch um vieles geringer zu sein, so dass eine kostspielige und andauernde Informationskampagne diese neuen Herkunfts-Schokoladen begleiten müsste. Ganz abgesehen davon, dass die echten Weinkenner zumeist männlichen Geschlechts sind, so müssten bei den überwiegend weiblichen Schokoladenkonsumenten weitere grundlegende Veränderungen der Verbrauchsgewohnheiten befördert werden. Der Versuch, Jahrgangsschokoladen einzuführen, ist zum Scheitern verurteilt; denn Kakao resp. Schokolade dürfte durch längere Lagerung sicherlich nicht besser werden und ist als Naturprodukt aufgrund unterschiedlicher Ernten niemals in gleich bleibender Qualität herzustellen. Ein spezielles Produktversprechen, das sich auf eine bestimmte Jahrgangsqualität stützt, ist daher unmöglich zu erfüllen. Skeptische Stimmen sehen im Trend zur Zartbitter-Tafel eh nur eine Mode und Vermarktungsstrategie, die im größeren Kakaogehalt eigentlich nur eine bessere Qualität mitteilen und einen höheren Preis erzielen möchte.

2. Das Stagnieren des klassischen Tafelmarktes

Indem die Vielfalt von kakaointensiveren Schokoladen mit einer stärkeren Regionalisierung der Provenienzen zunimmt, lässt sich auch infolge eines stärkeren Verdrängungswettbewerbs eine Stagnation auf dem klassischen Tafelmarkt beobachten bzw. ist eine Konzentration auf innovative Produktentwicklungen zu registrieren. So wurden bereits Ende der 90er Jahre erste limitierte Schokoladeneditionen eingeführt, die neue Geschmackserlebnisse möglich machen sollten, ob als gefüllte Tafeln mit einem Geschmackswechsel von Erdbeer in Pfefferminz oder

als Jahreszeit-Schokolade mit saisonalen Geschmacksrichtungen. Dabei stellen die Produktentwickler zunehmend eine Verbindung von den neuen Schokoladenprodukten zu Zeitgeisterscheinungen her, um auf diesen aufzusetzen und die bekannten Marken temporär durch neue Produkte an diese Phänomene anzupassen. Damit stimulieren die Limited Editions die Kaufentscheidung des Verbrauchers stärker, indem sie seinem Wunsch entgegenkommen, etwas Neues erleben zu wollen. Solche Entwicklungen brechen sich kaum im Premiumsektor der klassischen Tafelschokolade Bahn, da dieser Bereich aufgrund der zielgruppenstabilen Wertschätzung seiner Markenbilder weniger bedrängt wird und daher an den traditionellen 100g-Tafeln festhalten kann.

3. Das Herausstellen von Schokolade als gesunde Lebensmittel

Auch die Schokoladenhersteller setzen vorsichtig auf das Naturprodukt Kakao mit seinen allerdings geringen Mengen von Mineralien, Vitaminen und psychophysischen Botenstoffen, um im Zeitalter des Endes der radikalen Diätvorschläge und der Durchsetzung allgemeiner Wellness-Programme auch ihr Produkt aus der Ecke der Sünde und der Belohnungsattitüde zu holen. Gibt es auch kein Zurück mehr in die Regale der Apotheken des 18. Jahrhunderts und bleibt der hohe Nährwert der Schokolade auch unwidersprochen verantwortlich für so manches Übergewicht, so findet unter dem Motto »Iss, was dir schmeckt« eine stärkere Akzentuierung der Glücksboten und der segensreichen Wirkung der Schokolade auf den Serotoninspiegel statt, um ihre allgemein befindlichkeitsfördernde Funktion zu unterstreichen. Jedoch erwartet der Verbraucher auch bei Schokolade Ehrlichkeit, d.h. nicht das Vorgaukeln von Gesundheit, sondern das Angebot eines dosierten Genusses.

4. Die Miniaturisierung und Einzelverpackung von Schokolade

Während mit der Steigerung des Bedürfnisses nach Genusserlebnissen die Lebensmittelportionen generell kleiner geworden sind, bevorzugt der Verbraucher zunehmend kleinere, einzeln verpackte konveniente Stücke, sei es als Minis, als Naps, als Kleinriegel oder als Täfelchen.

Um als kleine Zwischenbelohnung zum schnellen Essen nebenbei zu dienen, werden zunehmend kleinere Portionierungen entwickelt und in den Handel gebracht, die auch als Mischung zunehmend nachgefragt werden. Dass »weniger mehr ist«, hat mittlerweile die Portionierung des gesamten Süßwarenmarktes erfasst. Man isst, wenn man Appetit hat oder es zeitlich passt. Während regelmäßige Alltagsabläufe an Bedeutung verlieren, erhält der Verbraucher ein darauf zugeschnittenes Produktangebot: mal genussbetont als Praline, mal für den »kleinen Hunger«, mal als Energiespender.

5. Das Anwachsen der Monopralinen

Während sich auch weiterhin klassische Mischpralinen aufgrund ihres Abwechslungsreichtums auf dem Markt behaupten, zeigt der Absatz von Monopralinen und von Produkten aus Schokolade und Waffeln, die leichter als massive Tafelschokoladen zu genießen sind, eine deutlich ansteigende Tendenz. Dabei verschwinden zunehmend die Grenzen zwischen Schokolade und Pralinen.

Bremer Schokoladen-Fachgeschäft

Der deutsche Schokoladenmarkt in Bewegung

Während die Grenzen zwischen Tafelschokolade, Riegeln, Pralinen usw. auf dem deutschen Schokoladenmarkt zunehmend undeutlicher werden und sich überlagern, nimmt der Innovationsdruck vor allem auf dem mittelpreisigen Sektor der Konsumschokoladen und bedingt im Bereich der Premiumprodukte zu. Dabei haben es neue Marken schwer, sich durchzusetzen. Daher führen die Markenartikler ihre neuen Produkte auf der Grundlage ihres Bekanntheitsfundamentes ein, wobei sie stets auf der Suche nach verlässlichen und dauerhaften Richtungstrends sind, um diesen mit einem adäquaten Angebot zu begegnen und diese kapitalisieren zu können.

Während die großen Hersteller von Konsumschokoladen ihre neuen Artikel mit Hilfe der Massenmedien einer breiten Zielgruppe vorstellen, so dass diese bereits durch die Werbung vielfach vorverkauft werden, konzentrieren sich

die Premiumanbieter zum einen auf die Pflege ihrer speziellen, häufig durch höheres Alter und Einkommen gekennzeichneten, zumeist weiblichen Zielgruppen und versuchen durch spezielle Produkte oder Produktkombinationen, die sie auch in kleineren Auflagen anzubieten vermögen, Schokoladenkenner männlichen Geschlechts (»Schokolade und Wein«) oder jüngere Leute anzusprechen.

Mit der Ausdünnung des Schokoladenfachhandels sind vor allem die kleineren Schokoladenspezialisten darauf angewiesen, neue Vertriebswege zu beschreiten, um ihre Premiumartikel an die zunehmende Zahl von schokophilen Kunden zu bringen. Der enorme Wettbewerbs- und Innovationsdruck wie auch das wachsende Potential von höherwertigen Süßwaren dürfte in den kommenden Jahren sicherlich auch zu weiteren Konzentrationsprozessen innerhalb der mittlerweile international agierenden deutschen Schokoladenbranche führen.

Peter Hauptmeier

Exquisite Schokoladenrezepte

Die leckeren Köstlichkeiten lassen sich auch zu Hause sehr gut herstellen. Pralinen, die nicht nur einmalig schmecken, sondern auch das Auge erfreuen. Überraschend einfach sind die folgenden Rezepte in der heimischen Küche umzusetzen. Schritt für Schritt wird die hohe Kunst der Patisserie erläutert.

Und sollten diese Rezepte erst richtig Lust und Appetit auf mehr machen, finden Sie noch viele weitere Rezepte in dem Buch »Petit Fours & Co.« von Peter Hauptmeier.

Und nun »Gutes Gelingen«.

Luftiger Mandelaufsatz

Die Zutatenangaben sind auf eine Menge von etwa 30 luftigen Mandelaufsätzen angesetzt.

Zutaten Mandelböden:

100 g	weiche Butter
140 g	Nussgrieß
110 g	Staubzucker
150 g	Eiweiß
30 g	Zucker
30 g	Mehl

Zutaten Mandelaufsatz:

500 g	geröstete Mandelsplitter
200 g	Smacks
400 g	weiße Kuvertüre Valrhona Ivoire
20 g	Mandellikör

Zubereitung Mandelböden:

Geben Sie die Butter, den Nussgrieß und den Staubzucker in eine Rührschale und rühren diese zusammen schaumig. Schlagen Sie dann das Eiweiß mit dem Zucker zu Eischnee. Vermengen Sie anschließend vorsichtig beide Massen. Zum Schluss das Mehl unterheben.

Befüllen Sie einen Spritzbeutel, Lochtülle Nr. 8, mit je 20 g der Masse und spritzen diese in kleine Aluformen, Durchmesser 2,5 cm. Die befüllten Aluformen bei 180 °C etwa 15 Minuten backen. Nach dem Erkalten aus der Form nehmen.

Zubereitung Mandelaufsatz:

Für den Aufsatz verrühren Sie die Mandelsplitter, Smacks und 350 g aufgelöste und temperierte Kuvertüre. Gießen sie den Mandellikör hinzu. Noch einmal verrühren. Mit dem Teelöffel kleine Häufchen auf eine Cellophanfolie geben. 30 Minuten fest werden lassen.

Fertigstellung:

Richten Sie die Mandelböden an und bestreichen diese mit der restlichen Kuvertüre, hierauf setzen Sie die Mandelhäufchen.

Bitterschokoladen-Röllchen

Die Zutatenangaben sind auf eine Menge von etwa 20 Röllchen angesetzt.

Zutaten Schokoladenmousse:

2	Eigelb
	Mark von einer ½ Vanillestange
20 g	Schokoladenlikör Chocolat Royal
1	Prise Salz
	etwas Koriander
200 g	Bitterkuvertüre Valrhona Guanaja
300 g	geschlagene Sahne
15 g	Zucker
2	Eiweiß

Zutaten Röllchen:

20	Pergamin-Quadrate, 10 x 10 cm
400 g	Bitterkuvertüre Valrhona Guanaja

Zubereitung Schokoladenmousse:

Die Eigelbe, das Vanillemark, den Chocolat Royal und die Gewürze gut verrühren. Die aufgelöste Bitterkuvertüre unterheben (Vorsicht, zieht sehr schnell an!). Dann die Sahne und das mit dem Zucker aufgeschlagene Eiweiß unterheben. Die Masse etwa 1 Stunde kalt stellen.

Zubereitung Röllchen:

Die Pergamin-Quadrate auf dem Tisch verteilen. Die Bitterkuvertüre auflösen, auf 36 °C erwärmen und dünn auf die Quadrate verstreichen. Einen Löffel in heißes Wasser tauchen, die Schokoladenmousse mit dem Löffel abstechen und in die Mitte des Quadrats legen. Zwei Seiten des Quadrats an die Mousse drücken und etwa 1 Stunde in den Kühlschrank stellen.

Anrichten:

Die Folie vorsichtig abziehen und Fours ausgarnieren.

Schokoladenmoussefours

Die Zutatenangaben sind auf eine Menge von etwa 30 Stück angesetzt.

Zutaten:

Schokoladenhülsen

Zutaten Krokant:

100 g	Zucker
100 g	Mandeln, gehobelt

Zutaten Schokoladenmousse:

200 g	Bitterkuvertüre Valrhona Guanaja, fein gehackt
150 g	Milchkuvertüre Valrhona Équatoriale Lactée, fein gehackt
	Mark von 1 Vanillestange
	1 Prise Salz
	4 cl Schokoladenlikör Chocolat Royal
	5 Eigelb
	500 g geschlagene Sahne
	5 Eiweiß

Zum Anrichten:

Früchte wie Brombeeren, Blaubeeren und kernlose Trauben

Zubereitung Krokant:

Die 100 g Zucker in einem Topf schmelzen. Die gehobelten Mandeln anrösten und unter den Zucker heben. Sofort auf eine Silpat-Matte geben, eine zweite Matte obenauf legen. Masse mit einem Rollholz dünn ausrollen. Wenn der Krokant kalt ist, mit einem großen Messer fein hacken. Den fein gehackten Krokant bodendeckend in die Schokoladenhülsen füllen.

Zubereitung Schokoladenmousse:

Die dunkle Kuvertüre und die Milchkuvertüre im Wasserbad auflösen. Das Vanillemark, Salz, den Schokoladenlikör und die Eigelbe glatt rühren. Die aufgelöste Kuvertüre in die Masse einrühren, Sahne unterheben und glatt arbeiten. Zuletzt das sämig aufgeschlagene Eiweiß vorsichtig unterheben. Mit einem Spritzbeutel und Lochtülle Nr. 8 die Schokoladenmousse in die verschiedenen Schokoladenhülsen füllen und kalt stellen.

Anrichten:

Die gefüllten Schokoladenhülsen mit Früchten ausgarnieren.

Autoren

Udo Allerbeck (1956), M.A., Sinologe und Historiker. Wissenschaftlicher Mitarbeiter am Übersee-Museum Bremen, Abteilung Handelskunde.

Bettina von Briskorn (1966), M.A., Historikerin. Wissenschaftliche Mitarbeiterin am Übersee-Museum Bremen. Veröffentlichungen u.a. zur Sammlungsgeschichte des Übersee-Museums.

Gisla Gniech, Dr. phil., Diplom-Psychologin, seit 1973 Professorin an der Universität Bremen, 2002 emeritiert. Beschäftigung mit experimentellen Verfahren der Psychologie und Sozialpsychologie sowie mit Ernährungspsychologie. Arbeiten u.a. zu Themen über Ernährung und Lebensstil, Essen und Psyche, Genuss und Kultur.

Peter Hauptmeier (1947) Chef-Patissier und Konditormeister. Verfasser von Fachbüchern, Seminare an Hotelfachschulen im gesamten Bundesgebiet. Schokoladenliebhaber.

Ulla Heise (1946), Studium der Germanistik, Niederlandistik und Kulturgeschichte in Leipzig. 1972 – 1987 Lektorin, seit 1987 freie Autorin in Leipzig. Expertin für Kaffee-Kulturgeschichte.

Gabriele Helmrich (1956) M.A., Kunstgeschichte. Wissenschaftliche Mitarbeiterin am Übersee-Museum Bremen.

Heidemarie Menge (1948) Studienrätin, Museumspädagogin am Übersee-Museum Bremen.

Renate Niemann (1961), M.A. Kulturwissenschaft und Romanistik. Wissenschaftliche Mitarbeiterin am Übersee-Museum Bremen, Abteilung Handelskunde. Veröffentlichungen zu verschiedenen kulturwissenschaftlichen Themen.

Detlef Quintern (1960), Diplom-Politologe. Veröffentlichungen zu Kolonial- und außereuropäischer Geschichte sowie zu geschichtstheoretischen Fragestellungen.

Christian Rätsch (1957), Dr. phil., Altamerikanist und Ethnopharmakologe; Spezialgebiet Schamanismus und die Erforschung der Schamanenpflanzen. Internationaler Gastdozent, Referent mehrerer Heilpflanzenschulen, Berater verschiedener ethnobotanischer Regenwaldprojekte und Verlage.

Jürgen Ries, Dr.rer. nat., Diplombiologe, wissenschaftliche Bearbeitung der Darwin- und Darwinismusausstellung im Hygiene-Museum Dresden. Projekte über Technikgeschichte, durchgeführt vom Förderverein für Wissenschaftler, Ingenieure und Marketing, Dresden (WIMAD e.V.).

Hartmut Roder (1951), Dr. phil., Historiker. Leiter der Abteilung Handelskunde am Übersee-Museum Bremen. Diverse Publikationen zur Bremer Handelsgeschichte.

Verena Schmale (1974), M.A. Neuere und neueste Geschichte, Musikwissenschaft, Englische Philologie. Seit 2002 Journalistin (Redakteurin und Moderatorin bei Antenne Münster).

Susanne Schroeder (1952), Dipl. Theologin und Dipl. Museologin. Kustodin für Kunstgewerbe im Goethe-Nationalmuseum/Stiftung Weimarer Klassik; zahlreiche Miszellen und Aufsätze zu kunstgewerblichen Objekten, darunter zum Thema Porzellan den Bestandskatalog »Tafelrunden: Fürstenberger Porzellan der Herzogin Anna Amalia in Weimar«, München, 1996.

Katerina Vatsella (1952), Dr. phil, Kunsthistorikerin. Zahlreiche Ausstellungen und Publikationen über bildende Kunst, Design- und Kulturgeschichte.